ERMES RONCHI

BETEN IST MENSCHLICH

Ermes Ronchi

BETEN ist menschlich

Variationen über ein Grundbedürfnis

VERLAG NEUE STADT
MÜNCHEN · ZÜRICH · WIEN

Titel der italienischen Originalausgabe: Ermes Ronchi, Dieci cammelli inginocchiati. Variazioni sulla preghiera, © Figlie di San Paolo, 2004, Via Francesca Albani, 21, I-20149 Milano, 7a edizione 2013
edlibri.mi@paoline.it

Übertragung aus dem Italienischen: Stefan Liesenfeld

Klimaneutral gedruckt. Weil jeder Beitrag zählt.

MIX Papier FSC® C083411

klimaneutral
Mehr Bäume.Weniger CO_2

2019, 1. Auflage

Umschlaggestaltung und Satz: Neue-Stadt-Grafik
Druck: cpi – Clausen & Bosse, Leck
ISBN 978-3-7346-1185-8
www.neuestadt.com

Der Autor, Pater Ermes Ronchi OSM, wurde international bekannt durch den Bestseller „Le nude domande del Vangelo“ (dt.: „Die nackten Fragen des Evangeliums“, München 2017), der auf seine Fastenexerzitien für den Papst und die Kurie zurückgeht.
Ronchi, Jahrgang 1947, studierte u. a. in Rom, an der Sorbonne und am Institut Catholique in Paris. Der promovierte Theologe und Autor zahlreicher Bücher lebt in einer Gemeinschaft seines Ordens in Isola Vicentina bei Asiago.

Dieses Buch bahnt in mehreren Anläufen Zugänge zu einem Thema, das in irgendeiner Weise, zu irgendwelchen Zeiten die allermeisten Menschen berührt, umtreibt oder auch nur streift: das weite Feld des „Betens“ – mit allen Fragen, die damit verbunden sind.
Pater Ronchi nimmt mit auf den Weg einer spiralförmigen Vertiefung. Zentrale Gedanken und Motive werden von verschiedenen Seiten, in unterschiedlichen Zusammenhängen beleuchtet – als Einladung zur persönlichen Reflexion und Betrachtung. Die einzelnen Kapitel können aber auch für sich meditiert, gelesen oder nachgelesen werden – je nach der persönlichen Lebenssituation. Das ausführliche Inhaltsverzeichnis bietet eine Orientierungshilfe.

Inhalt

Hinführung

Beten, was ist das? Wie geht das? Das sind Fragen, auf die es keine erschöpfende Antwort gibt. So ist es mit allen großen Fragen: Was ist das Leben? Was ist die Liebe? Was ist der Mensch? Wer ist Gott? Es geht darum, *die Fragen zu leben* und auf die Suche zu gehen, wie die Liebende im Hohelied:

„Des Nachts auf meinem Lager suchte ich ihn, den meine Seele liebt. Ich suchte ihn und fand ihn nicht.

Aufstehen will ich, die Stadt durchstreifen, die Gassen und Plätze, ihn suchen, den meine Seele liebt. Ich suchte ihn und fand ihn nicht.

Mich fanden die Wächter bei ihrer Runde durch die Stadt. Habt ihr ihn gesehen, den meine Seele liebt?"

(Hohelied 3,1–3)

Ich suche meine Liebe, habt ihr meine Liebe gesehen?!, fragt sie. Das Suchen ist Antwort auf ein schmerzliches Fehlen. Es bewahrt vor dem Vergessen. So ist Beten: ein

Suchen, das zu dem Punkt führt, an dem das schmerzliche Vermissen der Begegnung weicht.

Beten ist etwas so Umfassendes und Komplexes, dass eine systematische Abhandlung unmöglich ist. Theoretische Erörterungen, biblische, geschichtliche, linguistische, an Erfahrungen anknüpfende Zugänge können einzelne Aspekte erhellen. Am besten scheint mir, vom Beten zu *erzählen*: Menschen, Bilder, Metaphern sprechen zu lassen. Sie sind am ehesten imstande, etwas in uns zum Klingen zu bringen und die Quellen zu entdecken, aus denen wir leben können.

Die Kapitel dieses Buches folgen keinem abstrakten Schema. Ich will vielmehr versuchen, den Schritten einiger biblischer Figuren zu folgen, einigen bedeutsamen Worten nachgehen und nicht zuletzt dem „Stern der Sehnsucht" folgen, der uns Menschen seit jeher leitet.

Die Geschichte der Menschen mit dem Geheimnis Gottes ist nichts anderes als ein Wechselspiel von Nähe und Ferne, von Umarmungen und Abwesenheit, von Spüren und Suchen. Es ist ein Prozess, in den wir ganz miteinbezogen sind: Beten ist ein Abenteuer, bei dem es um alles geht, um uns und unser Leben. Ob eine Gotteserfahrung echt ist, zeigt sich daran, inwiefern sie uns *leben* lässt, inwiefern sie uns mehr Mensch sein lässt. Beten, der Kontakt mit Gott, soll uns verwandeln, uns als Menschen wachsen und reifen helfen.

Bei Simone Weil findet sich ein etwas gewagtes Bild für diesen Wandlungsprozess: Die Freunde der Braut sehen nicht, was in der Intimität zwischen Braut und Bräutigam geschieht, aber wenn das Antlitz der Freundin leuchtet wie nie zuvor, wenn sie unverkennbar schwanger ist, dann wissen sie, dass sich die beiden in der Verborgenheit des Hochzeitsgemachs begegnet sind. Wie diese Braut kehrt der Betende von der Begegnung mit Gott zurück: strahlend, erfüllt von neuem Leben.

Im Beten verbinden sich Erde und Himmel,
der alltägliche Lärm und das Schweigen der Gestirne.
Im Beten lösen wir uns von den klirrenden Ketten
und entdecken die Melodien auf dem Grund der Seele.
Im Beten tut sich ein Fenster auf:
Wir erhaschen einen Blick auf Gott,
unser Leben verliert an Härte
und wird durchlässig für das Göttliche,
es kommt zum Austausch
zwischen dem Unseren und dem Seinen.
Beten heißt eine Ahnung bekommen
von der Präsenz des ewig Abwesenden,
darüber staunen können,
sie tief in uns einlassen:
die Präsenz atmen.

Paulus schreibt: „Wir alle ... schauen mit enthülltem Angesicht die Herrlichkeit des Herrn wie in einem Spiegel und werden so in sein eigenes Bild verwandelt, von Herrlichkeit zu Herrlichkeit, durch den Geist des Herrn“ (2 Korinther 3,18).

Im Beten werden wir auf den Berg der Verklärung geführt; in der Kontemplation werden wir verwandelt.

Es heißt, der Mensch werde zu dem, was er liebt, zu dem, was er mit dem Herzen sieht und betrachtet. Ja, Beten prägt von Grund auf.

Ich habe Durst!

Leben ist Beten

Beten ist nichts Äußerliches, geschweige denn etwas Aufgesetztes. Beten ist zunächst ein ganz elementarer Ausdruck unseres Menschseins: Die erste, ursprüngliche Form des Betens ist der Durst nach Leben, nach Liebe.
In einer Geschichte aus dem ersten Buch der Bibel heißt es:

„Das Mädchen sah sehr schön aus, eine Jungfrau, die noch kein Mann erkannt hatte. Sie stieg zur Quelle hinab, füllte ihren Krug und kam herauf. Da lief der Knecht auf sie zu und sagte: Lass mich ein wenig Wasser aus deinem Krug trinken! Trink nur, mein Herr!, antwortete sie, ließ geschwind den Krug auf ihre Hand herab und gab ihm zu trinken" (Genesis 24,16–18).

Das Mädchen ist Rebekka, die spätere Frau des Isaak. In ihr empfängt gewissermaßen die ganze Menschheit Segen. Denn Rebekka, die Schöne, hat ein offenes Ohr für die Menschen. Für den Durst eines Fremden, der ihr eines Abends sagt: „Ich habe Durst; lass mich doch trinken!“ Das tiefste Wesen der Menschheit, ausgedrückt in dem schlichten Wort: „Ich habe Durst!“ Wir sind Dürstende.

Auch Jesus hatte Durst. Am Jakobsbrunnen sagt er es zu der Frau aus Samarien. „Mich dürstet!“ (Johannes 19,28), lautet noch eines seiner letzten Worte am Kreuz, ein Ruf aus der Herzenstiefe des Menschensohns. Es ist eine Bitte, die in unserem Innersten wohnt und an allen Orten und zu allen Zeiten aufsteigt. „Ich habe Durst!“ – darin bündelt sich alles, wonach wir Menschen uns sehnen.

Rebekka bemüht sich, den Durst zu stillen, den des Knechts und den Isaaks, des Sohnes der Verheißung, Kind Gottes und Kind Abrahams. Isaak steht für uns alle, für alle Kinder Abrahams und alle Kinder Gottes.

Dieser Isaak möchte mit Rebekka einen Bund fürs Leben schließen, mit ihr sich vereinen; nur sie kann seinen Durst stillen. Wie wunderbar ist es, jemanden zu finden, der das vermag!

Wir Menschen suchen jemanden wie Rebekka, der unseren Durst wahrnimmt und stillt.

* * *

Werfen wir einen kurzen Blick auf den Kontext der biblischen Stelle. Abraham hatte seinen ältesten Knecht mit zehn Kamelen in seine alte Heimat geschickt, damit er für seinen Sohn Isaak eine passende Frau finde. „Vor der Stadt ließ er [der Knecht] die Kamele am Brunnen niederknien. Es war gegen Abend, um die Zeit, da die Frauen herauskommen, um Wasser zu schöpfen. Er sagte: HERR, Gott meines Herrn Abraham, lass mich heute Glück haben und erweise meinem Herrn Abraham Huld! Siehe, ich stehe an der Quelle und die Töchter der Stadtbewohner werden herauskommen, um Wasser zu schöpfen. Das Mädchen, zu dem ich dann sage: Reich mir doch deinen Krug zum Trinken! und das antwortet: Trink nur, auch deine Kamele will ich tränken!, sie soll es sein, die du für deinen Knecht Isaak bestimmt hast. Daran werde ich erkennen, dass du meinem Herrn Huld erweist" (Genesis 24,11–14).

Gib mir doch zu trinken; ich habe Durst! Das ist die Essenz des Gebets, der Kern aller an den Himmel oder an die Erde gerichteten Bitten.

Gib mir doch zu trinken; ich habe Durst! Das ist nicht auf schwierige Zeiten oder unglückliche Umstände beschränkt, es ist nicht Ausdruck einer momentanen Unpässlichkeit, sondern unsere grundlegende Befindlichkeit, die ewige *conditio humana*: Durst haben ist menschlich. Adam hat Durst: Alle Tiere im Garten Eden genügen ihm nicht, der gesamte „irdische Garten" ist ihm immer noch zu wenig.

Durst ist aber auch Gottes Befindlichkeit: Die Unendlichkeit des Himmels genügt ihm nicht, er erschafft die Welt, er sehnt sich nach uns Menschen.

* * *

Der Durst des Menschen kommt wie gesagt nicht irgendwann auf, sondern ist von Anfang an da; er ist kein gelegentliches Phänomen, sondern gehört als existenzielles Bedürfnis nach Leben zu unserer menschlichen Struktur.

Und daraus erwächst das Gebet: Beten ist der mehr oder weniger „ausdrückliche“ Wunsch, jemand möge das Verlangen, das dem Leben innewohnt, stillen: ein Mensch, ein Mann oder eine Frau, ein Gott. Beten ist Sehnsucht nach einer Quelle, an der wir unseren Durst stillen können, nach einem Brunnen, nach einem vollen Gefäß.

Eine der schönsten Formulierungen im Katechismus der katholischen Kirche lautet: „Gott dürstet danach, dass wir nach ihm dürsten“ (KKK 2560, nach Gregor von Nazianz und Augustinus).

Die Urform des Betens ist das Verlangen nach Gemeinschaft – noch vor der Unterscheidung zwischen einer Bitte an einen Menschen und jener an Gott. Gebet ist ursprünglich Frucht jenes Dursts, der im Buch Genesis in die Worte gekleidet ist: „Es ist nicht gut, dass der Mensch allein ist“ (2,18). Es ist *der Durst nach Liebe*, nach Begegnung, nach Blicken, die sich begegnen. Durst nach einem Gott, der hinabsteigt, um in der frischen Abendluft im Garten umherzugehen (vgl. Genesis 3,8). Und Durst nach jemandem, zu dem man sagen kann: Du bist Bein von meinem Bein und Fleisch von meinem Fleisch; du bist so wie ich (vgl. Genesis 2,23).

Somit ist der Eros an sich nicht Versuchung, sondern das universellste Gleichnis, das den Traum Gottes enthüllt und das der ganzen Schöpfung eingeschrieben ist: Beziehung, leidenschaftliches Verlangen nach Gemeinschaft. „Und die Sinne sind die göttliche Tastatur" (David Maria Turoldo) für diese universale Dimension, die „Liebe" genannt wird – eine Liebe, die eine einzige ist und sich nicht aufspalten lässt in eine Liebe Richtung Himmel und eine andere zu den Geschöpfen. Beten ist ganz ursprünglich dieses Verlangen nach Liebe und Gemeinschaft.

* * *

Ein weiteres Verlangen meldet sich aus der Tiefe des Menschenherzens: *der Wunsch nach Leben*. Ums Leben geht es in dem ersten grundlegenden Konflikt, von dem die Bibel erzählt: dem zwischen wahr und falsch. Eva sagt: Wenn wir von der Frucht des Baumes in der Mitte des Gartens essen, werden wir sterben. Die Schlange hingegen erwidert: Nein, wenn ihr davon esst, werden ihr *nicht* sterben (vgl. Genesis 3,3f).

Wir wollen *leben*, haben Durst nach Lebenszeit, nach Tagen und Jahren, und nach Ewigkeit. Wir wollen *sein*, jetzt und später und, um es so zu sagen, danach auch. Wir wollen nicht vom Nichts verschluckt werden. Es geht um das Duell zwischen Leben und Tod: Leben *oder* Tod, das äußerste Entweder-Oder, die ultimative Alternative.

Durst nach Leben, das ist das Gebet von Fleisch und Blut, das direkt zu Gott aufsteigt, wie dieser selbst bekundet: „Das Blut deines Bruders [des von Kain getöteten Abel] erhebt seine Stimme und schreit zu mir vom Erdboden" (Genesis 4,10). Es ist der erste Schrei, den die Bibel erwähnt. Vorher finden sich nur Worte, vielleicht auch Gestammel. Das Gebet von Abels Blut ist ein *Schrei nach Leben*. Es ist der Gebetsschrei jedes Menschen, der Angst hat zu sterben, der Schrei aller, denen jemand nach Leib und Leben trachtet, der Schrei Hiobs zu allen Zeiten.

Einen anderen Boden hat das Gebet nicht. Es geht den Worten voraus, es entspringt der Sehnsucht nach Liebe und Leben, es ist Durst und Schrei.

Das Gebet ist uns förmlich in die Wiege gelegt. Schon der Schrei jedes Neugeborenen ist in gewisser Weise Gebet. Um gut zu verstehen, was Beten meint, müssen wir ganz an den Anfang zurückgehen. Und da zeigt sich: Beten braucht keine Worte; es heißt nicht, Gebete aufsagen. Beten bedeutet vielmehr: Verlangen haben nach einer Quelle, Sehnsucht haben nach Leben; es ist „Blut, das zum Himmel schreit". Und Verlangen haben nach Gemeinschaft, nach Liebe.

> „… vor Freude singen oder vor Liebeskummer stöhnen
> wie eine Braut, die den Geliebten hört:
> So, nur so ist das wirkliche Beten."
>
> (David Maria Turoldo)

* * *

Das große biblische Gebetbuch sind die Psalmen (wir kommen darauf zurück, s. S. 63–94). In ihnen ist festgehalten, wie Menschen eines Tages gebetet haben. Oft ähneln sie den Votivtafeln, die sich in manchen Kirchen finden: Da hat einer Schlimmes durchgemacht und – meist nach bestandener Gefahr, manchmal mit Hilfe eines Künstlers – dankbar seine Erfahrung auf einem Täfelchen festgehalten.

Wenn ich in den Psalmen lese, bin ich immer wieder verblüfft, mit welch hemmungsloser Direktheit der Beter seine Not, seine Krise, seinen Protest kundtut, tabufrei und ohne jene innere Zensur, die wir „Mäßigung", „kluge Zurückhaltung" oder „Ergebung" zu nennen pflegen. Den Psalmbeter scheint auch nicht zu interessieren, ob seine Anliegen erhört werden können oder nicht. Im Grunde fleht er nur um eines: *leben* zu können: „Gemäß deiner Liebe belebe mich!" (Psalm 119,88); er will heraus „aus der Grube des Grauens" (Psalm 40,3); vor dem Untergang soll sein Leben gerettet werden (vgl. Psalm 103,4).

Diese Direktheit ist unserem Beten meist fremd, denn in unserer Gebetstradition haben wir nicht gelernt, so unverblümt „die nackte Bitte" um Leben auszusprechen. Der Psalmist scheut sich nicht, in seinem Sprechen mit Gott allen Raum einzunehmen und für sich „Leben" zu erflehen.

Am Anfang steht also das Leben: das Leben mit seinen Sehnsüchten und Hoffnungen, mit seinen Verletzungen und Bedrohungen. Wenn in einem Menschen nichts davon lebendig ist, kann er schwerlich beten; denn in keinem Gebet auf Erden sind nur der Beter als „reiner Beter“ und Gott im Spiel; vielmehr ist der ganze Mensch mit seinem ganzen „Ich“ mit drinnen. Ohne eine mehr oder weniger konkrete Erdung gibt es kein Beten.

* * *

Ein weiterer Aspekt. Beten geht mich auch in der Weise an, dass es „ruft“: Ein Gebet ist immer auch ein Anruf an mich.

Ist das Gebet Wunsch nach einer Quelle, so kann ich mich diesem Wunsch nicht entziehen: Ich spüre unwillkürlich, dass auch ich Quelle sein kann, sein soll; ich bin gerufen, zumindest für einen Augenblick „Wasser“ zu spenden. Ist das Gebet ein „Schrei des Blutes“, so kann und soll ich des Leids Abels gedenken, den Schrei Hiobs, das Leiden der Leidenden wahrnehmen.

Beten kann nur, wer es anders macht als Kain, der sich weigerte, „der Hüter seines Bruders“ zu sein (vgl. Genesis 4,9). Wie kann ich um Leben bitten, wenn das Leben anderer mir nichts bedeutet? Es wäre sinnwidrig und liefe der Stoßrichtung der Schöpfung zuwider.

Jedes Gebet ist darum ein Ruf, selbst „Gefäß“ und „Hüter“ zu sein. An den Himmel gerichtet, „macht es Geschichte“: Beten prägt den Lauf der Dinge hier auf Erden. Die Geschichte ist ja ein engmaschiges Netz, gestrickt aus unzähligen Fäden von Sehnsucht und Schmerz, ein Ineinander von Verlangen und Schreien. In einem anderen Bild:

eine Landkarte voller Pfade und Wege, die zu einer Quelle, einem Brunnen führen sollten.

Zu einer Quelle, wo der Durst gestillt wird, zieht es die Menschen und Geschöpfe hin. Wir sind alle auf der Suche nach „Wasser“: Rebekka, die Frau aus Samarien, Abrahams Knecht, die zehn Kamele, die vor dem Brunnen niederknien. Auch Jesus, den es dürstet und der um etwas zu trinken bittet. Auch Gott, der dürstende Gott.

„Auf, alle Durstigen, kommt zum Wasser!“, sagt der Prophet Jesaja (55,1).

Mal sind wir Dürstende, mal sind wir Quelle; mal geben wir anderen das „Wasser“, das sie brauchen, und dann sind wir unsererseits wieder Bettelnde. Wie Jesus am Jakobsbrunnen (vgl. Johannes 4,1–41), wie Gott selber in seinem Innersten, wie alle Menschen in der Tiefe ihres Herzens.

Die ganze Menschheitsgeschichte ist ein Ineinander von Verlangen nach Gemeinschaft und dem Anbieten von Gemeinschaft, von Kämpfen mit der Einsamkeit und Siegen über sie. Vielleicht gilt Gleiches für Gott? Nach seinem Bild und Gleichnis sind wir ja geschaffen: Gleichnis seines Durstes.

Das Gebet ist der Punkt, der es möglich macht, dass das Vergessen, das schmerzliche Vermissen oder auch die Gleichgültigkeit der Begegnung weichen. Wo unser Durst nach Liebe und Leben und Gottes Durst nach uns wachgehalten und immer wieder gestillt werden.

* * *

Ich selbst finde mich wieder in Jesus, der die Frau aus Samarien, die mit den vielen Männern, bittet: „Gib mir zu trinken!" Ich finde mich wieder in Abrahams Knecht, der die junge Rebekka, die noch keinen Mann hat, um Wasser bittet. Auch ich bin ein Dürstender. Umgekehrt finde ich mich manchmal auch in der Frau aus Samarien und in Rebekka: als Gebender. Wir sind alle mit drin in diesem „ewigen Spiel" von Geben und Empfangen, in dem die Rollen wechseln können. Auch die Frau aus Samarien, die mit dem vollen Krug, *bittet.* „Gib mir von *deinem* Wasser!", sagt sie zu Jesus (vgl. Johannes 4,15). Sie meinte, ihr Krug wäre voll, und dachte womöglich, ihr Verlangen nach Leben, nach Männern gestillt zu haben, doch ist sie mit ihrem Durst nach Liebe aller Art keineswegs der Wüste entkommen, weil sie nicht *die* Liebe gefunden hat.

Jesus zeigt ihr den Weg, wie sie ihre tiefe Sehnsucht befriedigen kann: Er kann ihr ein Wasser geben, das ihren Durst stillt, ein Wasser, das in ihr wiederum zur Quelle wird (vgl. 4,14).

Wie diese Frau können auch wir „sein Wasser" empfangen und zumindest für den Augenblick eine Quelle für andere werden: Wir können helfen, den Durst nach Gemeinschaft, nach Liebe, nach Wertschätzung, der uns überall begegnet, zu stillen. So kann unser eigenes Verlangen nach einer Quelle zum Ausgangspunkt dafür werden, dass in uns selbst eine Quelle aufbricht.

Menschliches Leben ist nie statisch, sondern ek-statisch. Wirklich leben beinhaltet das Aus-sich-Herausgehen, den

Aufbruch hin zu *dem* Anderen und den vielen anderen; es heißt, das Wenige, was man hat, nicht im Klammergriff festzuhalten, sondern die Hände zu öffnen, andere aufzunehmen und sich selbst aufnehmen zu lassen. Statt den Krug zu verschließen, anderen einzuschenken. Statt Fenster und Türen zu verrammeln, sie zu öffnen und frische Luft hereinzulassen. Zu sagen, dass wir Dürstende sind, aber zugleich offen zu sein für die Menschen, die Durst haben nach Leben und Gemeinschaft, offen zu sein für Neues.

* * *

Rebekka hat den Durst von Abrahams Knecht gestillt. Und nicht nur diesen, wie es sodann in der biblischen Erzählung heißt:

„Nachdem sie [Rebekka] ihm zu trinken gegeben hatte, sagte sie: Auch für deine Kamele will ich schöpfen, bis sie sich satt getrunken haben. Geschwind leerte sie ihren Krug an der Tränke und lief noch einmal an den Brunnen zum Schöpfen. So schöpfte sie für alle Kamele. Der Mann schaute ihr schweigend zu, um zu erkennen, ob der HERR seinen Weg gelingen ließe oder nicht“ (Genesis 24,19f).

Gewiss ließ Gott den Weg gelingen. Die Reise war erfolgreich, alles hatte sich in diesem Moment harmonisch zusammengefügt. Alles war da stimmig, die ganze Schöpfung: Wasser zum Stillen des Durstes, Tiere, für die gesorgt wurde, ein Mann und eine Frau, die sich finden, und Gott, der HERR, ist mit dabei. Die ganze Welt, Himmel und Erde sind versammelt, alles und alle sind miteinander verbunden, die Szene ist von Zärtlichkeit und Wohlwollen, von Sorge und der Eile der Liebe beherrscht: Drei Mal ist davon die Rede, wie Rebekka sich beeilt. Wir kennen das aus anderen biblischen Episoden: Maria, die mit Jesus schwanger ist, eilt durch das Bergland von Judäa; am Ostermorgen eilen die Frauen zu den Jüngern. Die Liebe hat Eile, wo Liebe ist, wird die Zeit kurzgeschlossen.

Die Gestalt der Rebekka und ihr Verhalten sagt uns Wichtiges über das Beten: Zum Beten gehört das Eintreten für andere, das Weiterreichen des „Wassers", das Kreisen-Lassen der Liebe. Im Kreislauf von Empfangen und Geben vollendet sich das Gebet. Der Beter lässt dem HERRN seinen Lobpreis zukommen: „Preise den HERRN, meine Seele" (Psalm 103,1.22), und der HERR schenkt dem Beter seinen Segen: „Du, HERR, segnest den Gerechten" (Psalm 5,13; im Lateinischen ist es dasselbe Verb: *benedicere* = preisen, segnen!). Der Beter wendet sich sodann den anderen Kreaturen zu, und diese stimmen ihrerseits ein in den großen Lobgesang der Schöpfung.

Alles ist verbunden im Gebet: Raum und Zeit, alle Geschöpfe, Heilige und Sünder, Lebende und Tote; nichts bleibt außen vor, auch nicht die anderen Kreaturen: Die zehn Kamele, die Durst haben und niederknien, um zu trinken, sind ein Zeichen für den Bund, den Gott mit allem, was lebt, geschlossen hat: Verweis auf seinen Bund mit Noach und allen Lebewesen (Genesis 9,9ff). Die Kamele stehen für alle Tiere, die in Psalm 148 aufgerufen werden: „Lobt den HERRN von der Erde her: ihr Ungeheuer des Meeres und alle Tiefen ..., ihr Tiere alle, wilde und zahme, ihr Kriechtiere und ihr gefiederten Vögel“ (Psalm 148,7.10).

Beten hat somit eine universelle Dimension: die Dimension der Geschwisterlichkeit alles Geschaffenen, wie Franz von Assisi es in seinem Sonnengesang zum Ausdruck bringt. „*Laudato sii* ...“ – Sei gepriesen, Herr, durch Schwester Sonne, durch Schwester und Mutter Erde, durch alle Geschöpfe! Beten hat darum auch eine ökologische Dimension: Es beinhaltet die Bewahrung der Schöpfung, damit „alles, was atmet“, den HERRN loben kann (Psalm 150,6). Beten hat eine kosmische Dimension: Das Universum ist „der erste Tempel Gottes“ (Origenes).

Die zehn niederknienden Kamele sind ein Zeichen, dass Beten weniger ein „kulturelles“ als vielmehr ein „natürliches“ Geschehen ist: etwas, das konstitutiv zum Leben gehört. Das Gebet in seinem tiefsten Kern ist keine Kopfgeburt, sondern entspringt dem Leben selbst. Es heißt, Beten sei Leben, doch zunächst einmal ist es umgekehrt: Leben ist Gebet.

Beten in seiner ursprünglichen Gestalt ist ganz einfach, ja etwas Natürliches. Es macht uns aus, es gehört zu unserem Geschöpfsein. Unser Leben „betet“, indem es nach Liebe und Leben verlangt. Um zu beginnen, bewusst zu beten, genügt es, das eigene Leben wahrzunehmen, in uns hineinzuhören und den Durst zu spüren, den wir in uns tragen: den Durst nach Gemeinschaft, nach Begegnungen, die Sehnsucht nach dem Ort, wo wir zu Hause sind. „Das Leben war das Licht der Menschen“, heißt es im Johannesevangelium (1,4). Das Leben selbst erhellt uns auch das Beten.

* * *

Die drei Könige und der Stern

Eines Abends haben sie den Stern verloren.
Wie kann man den Stern verlieren?
Indem man ihn zu lange fixiert …
Die beiden weißen Könige, zwei Weise aus Chaldäa,
ritzten mit dem Stock Kreise in den Boden,
sie rechneten und rechneten, zerbrachen sich den Kopf.
Doch der Stern war entschwunden,
wie einem ein Gedanke entfällt.
Und die Männer, danach dürstend,
dass ihnen der Weg gewiesen werde,
schlugen weinend ihre Zelte auf.
Doch der Schwarze, geringgeschätzt von den beiden,
sagte sich: ‚Lasst uns an den Durst denken,
der nicht der unsere ist!
Sei's, wie's sei: Wir müssen den Tieren zu trinken geben!‘
Und wie er den Wasserkübel hochhielt,
erblickte er in dem kleinen Rund,
aus dem die Kamele tranken,
den goldenen Stern, schweigend tanzend.

Edmond Rostand (1878–1918)

Diese Magier, diese Menschen auf der Suche nach dem Absoluten, nach etwas Grenzenlosem, Unendlichem, können uns ein Beispiel geben: Wagen wir einen neuen Aufbruch und folgen wir dem Stern, der sich in unserem Durst verbirgt. Auch in dem der anderen. Es genügt, sich nicht nur um sich selbst zu kümmern, sondern auch um den Durst der anderen – mit jener Achtsamkeit und Eile, wie sie der Liebe eigen sind.

* * *

Machen wir uns nochmals bewusst: Am Anfang ist nicht das Gebet. Sondern das Leben. Und Leben ist Sehnsucht nach einer Quelle: Wir Menschen sind Dürstende. Nach Leben. Nach Liebe und Gemeinschaft.

Dieser Durst verbindet Gott und Mensch; es dürstet Gott nach unserem Durst.

Beten ist nicht schwer, es ist etwas ganz Natürliches, etwas Existenzielles. Beten heißt nicht: Gebete aufsagen. Vielmehr gilt es zu entdecken: Ich *bin* Gebet.

Im Beten können wir, die wir auf der Suche nach einer Quelle sind, selbst zu einer Quelle werden. Im Beten wächst Gemeinschaft, denn Beten lässt die Liebe kreisen im „Leib Christi“, lässt uns Wasser bringen in eine dürstende Welt.

Dabei sind wir stets Empfangende und Gebende.

Am Brunnen vor der Stadt, wo Rebekka dem Knecht und den Kamelen zu trinken gibt, wo der Durst spricht und gestillt wird, da wird die Schöpfung stimmig, da ordnet sich alles neu. Im Gebet hat alles, was atmet, Platz. Beten heißt darum immer auch: aufbrechen, nicht stehen bleiben bei sich, in der eigenen kleinen Welt; Beten weitet den Blick auf das Ganze.

Nicht: Beten ist Leben. Sondern: Leben ist Gebet. Das Leben selbst, alle Freude und aller Durst, die Momente, in denen das Leben ein Fest ist, wie die, in denen es unerfüllte Sehnsucht ist, dies alles erreicht den Himmel.

Solches Beten ist weit mehr als „Worte machen". Es ist voller Leben, kreativ, es bringt ein Mehr an Menschlichkeit hervor. Wirkliches Beten lässt uns leben und aufleben, es lässt uns mehr Mensch sein.

Ich *bin* Gebet: Sehnsucht und Schrei.

Ich bin Gebet, wenn ich für einen Dürstenden wie ein Schluck Wasser bin, wenn ich da bin für andere in ihrer Sehnsucht nach Leben und diese Sehnsucht hüte.

Und falls wir umherirren, auf der Suche nach dem Weg: der Stern, der sich verbirgt in unserem Durst, im Durst anderer, kann uns wieder den Weg weisen.

Freund, gib mir drei Brote!
Beten ist gelebte Freundschaft

Ein Gleichnis Jesu kann uns weitere wichtige Dimensionen des Betens erhellen:

„Wenn einer von euch einen Freund hat und um Mitternacht zu ihm geht und sagt: ‚Freund, leih mir drei Brote; denn einer meiner Freunde, der auf Reisen ist, ist zu mir gekommen und ich habe ihm nichts anzubieten!', wird dann der Mann drinnen antworten: ‚Lass mich in Ruhe, die Tür ist schon verschlossen und meine Kinder schlafen bei mir; ich kann nicht aufstehen und dir etwas geben!'? Ich sage euch: Wenn er schon nicht deswegen aufsteht und ihm etwas gibt, weil er sein Freund ist, so wird er doch wegen seiner Zudringlichkeit aufstehen und ihm geben, was er braucht" (Lukas 11,5–8).

Bei diesem Gleichnis müssen wir den Konditionalsatz am Anfang im Hinterkopf behalten: „Wenn einer von euch einen Freund hat ..." Dieses Gleichnis für das Beten steht ganz im Zeichen von Freundschaft und Brot, wir könnten es mit „Das Brot der Freundschaft" überschreiben. „Wenn einer von euch einen Freund hat und um Mitternacht zu ihm geht und sagt: ‚Freund, leih mir drei Brote; denn einer meiner Freunde, der auf Reisen ist, ist zu mir gekommen ...'" Jemand hat nachts einen Freund aufgesucht, dieser bittet wiederum einen anderen Freund, ihm etwas zu geben, damit er seinerseits etwas für den unerwartet eingetroffenen Freund hat: Der Kreis der Freundschaft schließt sich.

Über die Akteure erfahren wir nichts anderes, als dass sie Freunde sind; Freund zu sein ist ihre Identität. Damit sind sie „religiöse Menschen" im ursprünglichen Wortsinn: Menschen mit einer Bindung, Menschen, die verbunden sind. *Re-ligere* bedeutet etymologisch ja so viel wie binden, zusammenbinden, Einheit schaffen. Religiös sein, das heißt sich jemandem verbunden wissen, Verbindungen schaffen, Freundschaft suchen bzw. stiften. Verbunden sein mit Gott, Beziehung suchen mit ihm und anderen, darum geht es.

* * *

„Freund" ist ein Name Gottes. Das ist die erste Aussage dieses Gleichnisses. Es spricht von Gott als einem Freund und vom Gebet in Form einer Freundschaftsgeschichte: Es ist Theologie in anthropologischer Gestalt, Sprechen von Gott als Erzählung von einer Freundschaft unter Menschen.

„Wenn einer von euch einen Freund hat ...": Beten bedeutet vor allem, Gott als Freund haben, mit Gott in einer Beziehung stehen, die mit den Worten der Liebe dekliniert wird. Beten, das ist wie Einander-Mögen und -Vertrauen.

Bevor wir mit Worten beten, sollten wir unser Gottesbild in den Blick nehmen. Die Voraussetzung muss stimmen, um im Sinne des Evangeliums beten zu können. Zuerst haben wir unser Bild von Gott zu überprüfen; vielleicht müssen wir unsere ganz persönliche „Gottesikone" neu malen.

Jeder hat ja sein Gottesbild mit speziellen Nuancen. Gott mag hundert Namen haben, die sich alle in den Heiligen Schriften finden, bis auf einen: Der hundertste Name ist in meinem Herzen verborgen. Es ist der Name, den ich, ich allein ihm geben kann, der unverwechselbare Name, den meine Liebe ihm gibt.

* * *

Die Freundschaft, um die es geht, hat eine spezielle Form: die Form eines Kreuzes, eine Vertikale und eine Horizontale. Wir sehen es an Jesus, wie er ausgestreckt ist auf Gott und auf die Menschen; sein Herz ist der Kreuzungspunkt. In seiner innigen Freundschaft mit dem Vater und dem Angebot der Freundschaft an uns liegt das *„Kreuz der Freundschaft"*, das heilt und erlöst, das Freude schenkt. Und wir sind berufen, dieses „Kreuz", die Horizontale und die Vertikale der Freundschaft mitzuleben.

* * *

Wie erkenne ich nun, ob ich mit einem anderen in Freundschaft verbunden bin? Stehe ich mit Gott in einer freundschaftlichen Beziehung?

Ein untrügliches Indiz dafür ist die *Freude*; sie ist eine Frucht wahrer Freundschaft.

Schenkt Gott mir Freude? Oder lässt der Gedanke an ihn mich vor allem ernst werden? Gibt er mir primär Aufgaben, Erklärungen, Tiefe, Sinn ...? Das alles ist ja gut und wichtig. Aber gibt er mir auch Freude? Wie viele Christen sind aufrichtige und doch eher traurige Menschen, weil sie noch nicht die Freude gefunden haben, die im „Kreuz der Freundschaft" liegt!

Das Beten versteht, wer die Freundschaft versteht, jenes Reservoir der Freude, das es uns ermöglicht, das Gebot der Liebe mit frohem Herzen zu leben.

Die Freundschaft ist gewissermaßen eine Lehrmeisterin fürs Beten. Einen Freund bitten wir, uns nahe zu sein, uns zur Seite zu stehen, wenn wir selbst schwach oder am Ende sind, wenn alles mühsam wird, wenn wir einen neuen Schub an Leben brauchen, wenn die Flamme nur noch glimmt und das „Öl in der Lampe" auszugehen scheint. Einen Freund belästigen wir nicht ständig mit Bitten um alles Mögliche; von ihm wünschen wir uns nicht tausend Dinge, sondern anderes: Zeit und Wohlwollen, die Möglichkeit, Träume und Freuden wie auch Sorgen und Nöte miteinander zu teilen, Zuneigung, die Kraft gibt.

Wie schön ist es, einem Freund zu begegnen und zu merken, wie das den ganzen Tag prägt! Es kann selbst einen verkorksten, trüben Tag aufhellen und einem neuen

Schwung verleihen. Freunde lassen uns menschlicher werden. Und wie ist es erst, wenn Gott für uns ein Freund ist! Wie viel an Menschlichkeit kann er in unser oft so defizitäres Leben bringen!

* * *

„Wenn einer von euch einen Freund *hat* und … zu ihm *geht* und *sagt* …"

Am Anfang stehen drei wegweisende Verben: haben – gehen – sagen. Sie stehen für eine *Beziehung*, für einen *Aufbruch hin zum anderen*, für *Kommunikation*. Auf das Wissen um die freundschaftliche Ich-Du-Beziehung (1), aus der Freude und Vertrauen wachsen, folgt die Bewegung hin zum Du (2); das Ich ist nicht mehr die Mitte der Welt. Und ihren konkreten Ausdruck findet diese Schwerpunktverlagerung darin, dass ich den anderen anspreche, ein Gespräch in Gang bringe (3). Eine freundschaftliche Beziehung kann sich ja nicht im passiv-narzisstischen Genießen dieses Glücks erschöpfen. Wenn der Weg zu den Freunden zu selten beschritten wird, machen sich Dornen breit, und der Weg wächst zu.

Also: sich aufmachen, gehen.

Und: sprechen, kommunizieren. Und zwar immer und in jedem Fall, auch wenn wir nicht wissen, was es zu sagen gibt. Gregor von Nyssa, der Kirchenlehrer aus dem 4. Jahrhundert, schreibt:

„Wenn du mir etwas zu sagen hast, dann lass es mich wissen. Und wenn du mir nichts zu sagen hast, dann lass es mich trotzdem wissen, schon allein um mir zu sagen, dass du nichts zu sagen hast."

* * *

Am Anfang, so sagten wir bereits, steht nicht das Gebet, sondern das Leben. Und weil Freundschaft eine wunderbare „Schule des Lebens" ist, in der wir lernen, was es heißt, sich verbunden zu wissen, ist sie auch eine Schule wahrer „Religion", eine *Schule des Betens* wie kaum etwas sonst.

Beten ist wie Befreundet-Sein.

„Freund, leih mir drei Brote; denn einer meiner Freunde ... ist zu mir gekommen." Es sind *drei* Freunde, und die Dynamik, die dadurch entsteht, macht das Gleichnis so anrührend. Eine Zweierbeziehung könnte auch funktional sein: der eine profitiert vom anderen. Hier wird das aufgebrochen: Derjenige, der sich mitten in der Nacht aufmacht und bei einem Freund anklopft, erbittet nichts für sich selbst, sondern für einen anderen Freund, der nachts unterwegs war. Ein Netz von Wegen legt sich über die Welt: Wege von Haus zu Haus, von Herz zu Herz. Und das mitten in der Nacht, dank des Kompasses der Freundschaft.

Jesu Gleichnis übers Beten zeichnet so das Bild einer Welt, in der Strukturen des Vertrauens gelegt werden, wo nicht das Misstrauen siegt, sondern die Offenheit, wo die Nacht nicht von Ängsten bewohnt wird, sondern durchdrungen ist von den Stimmen von Freunden. Die Wege verlieren sich nicht im Nichts, sondern führen zu offenen Türen.

Wo dies geschieht, wird etwas von Jesu Verheißung wahr: Schon in dieser Welt kann einem das „Hundertfache“ geschenkt werden: hundert Schwestern und Brüder, hundert Häuser, in denen dich ein Freund erwartet. Die tiefste Gemeinschaft finden wir im Herzen unserer Freunde.

***

Der da anklopft, bittet seinen Freund um das *Brot der Freundschaft*. Wie gesagt nicht für sich, sondern für einen dritten. Wenn wir beten, dann können wir auch *für andere beten*: Unsere liebsten, lebendigsten Beziehungen dürfen, ja müssen Platz haben im Gebet. Wir können, wir sollen um Brot und um Freundschaft bitten: um all das, was uns Menschen am Leben erhält, und um Freunde, die das Leben schön und gut machen. Für uns und für andere.

Im Beten geschieht diese Verknüpfung freundschaftlicher Bande. Beten schenkt der Welt mehr vom „Brot der Freundschaft“; die Liebe beginnt Kreise zu ziehen in der Gemeinschaft der Jüngerinnen und Jünger Jesu, ja in der ganzen Welt. Wo „das Brot der Freundschaft“ kreist, wird etwas von Gott und seiner Liebe sichtbar. Es ist, als bräche ein unterirdischer Fluss hervor, der sich aus dem Wasser der göttlichen Quelle speist und schließlich in Gott mündet. In der menschlichen Liebe zeigt sich ja die göttliche: Wir können wie gesagt die Liebe nicht auseinanderdividieren in die Liebe zu Gott und eine andere zwischen den Menschen. Ein und dieselbe Liebe bindet die Freundin an den Freund, den Mann an die Frau, Christus an seine Kirche, wie Paulus sagt, und dies ist „ein tiefes Geheimnis" (Epheser 5,32), ein einziges großes Geheimnis in der Vielfalt der Formen.

* * *

Ein weiterer Aspekt: Der Bittende aus dem Gleichnis schämt sich seiner *Bedürftigkeit* nicht. Dem Freund gegenüber fühlt er sich frei zu sagen, was er braucht: „Ich habe ihm nichts anzubieten." Er hat nichts, aber sein großer Reichtum ist die doppelte Freundschaft. Und so bittet er freimütig um drei Brote. Nicht um eines oder um ein Stück Brot, sondern um drei, genug für eine ganze Familie. Der Freund soll sein Brot nicht alleine essen; wenn ein Freund kommt, ist ein kleines Fest angesagt! Da bricht man das Brot, in aller Einfachheit und Freude (vgl. Apostelgeschichte 2,46): Der Gast bekommt Brot und bringt Freude!

* * *

Drei Verben, drei Freunde, drei Brote. Ein dreifacher Dreiklang, der uns etwas über unser Beten sagt. Jeder kann sich in dem bedürftigen Bittenden wiederfinden, der nichts anzubieten hat (aber immerhin hat er Freunde und, nicht zu unterschätzen: Mut). Die Tür, an die er klopft, steht für die „Tür Gottes". Der Freund, der auf Reisen war und nachts zu ihm gekommen ist, kann die Welt symbolisieren, mit der wir solidarisch verbunden sind, schließlich sind wir allesamt unterwegs auf der Suche nach Leben.

Beten bedeutet, sich in Bewegung setzen und an die Türen des Himmels klopfen, dass sie sich öffnen, und sich das Brot der Freundschaft schenken lassen, es brechen und austeilen, da sein für diejenigen, die einen brauchen, sich freuen und feiern, wenn jemand den Weg durch die Nacht überstanden hat.

Beten beinhaltet, die Liebe kreisen zu lassen und selbst teilzuhaben an der Dynamik, die durch die Freundschaft in Gang kommt. Aus jeder Tür, die sich öffnet, fällt ein Lichtstrahl auf die nächtliche Stadt.

Wo die Liebe kreist, spiegelt sich etwas wider von Gottes eigenem Leben. Die Kirchenväter, jene großen Theologen aus den frühen Zeiten des Christentums, besonders die aus dem Osten, definierten das Leben der Dreifaltigkeit als „Perichorese", ein Kreisen von Liebe und Freundschaft, eine hin und her gehende Freundschaft. Das Gleichnis von den Freunden ist wie ein Bild dafür.

Das Gebet stiftet Strukturen des Vertrauens anstelle von Gleichgültigkeit und Misstrauen. Beten heißt bitten und empfangen, geben, was leben lässt, und immer wieder aus den unerschöpflichen Vorratskammern im göttlichen Zuhause schöpfen. Der Dreiklang von bitten, empfangen und geben stellt uns in die Mitte zwischen Gott und die anderen. Ich muss selbst empfangen, um geben zu können; denn ich bin nicht anders als die andern, habe nicht mehr als sie. Ich bin lediglich die Stelle, wo die Übergabe geschieht.

Die „Brote" sind nicht mein Besitz. Auch das Leben nicht: Es ist uns geschenkt. Wir sind Empfangende, die weiterschenken können. Ja, in dem Augenblick, in dem wir mit dem Weitergeben aufhören, genau da erlischt das Leben auch in uns.

Leben heißt, alles, was ich habe, zu einem „Sakrament der Gemeinschaft“ werden zu lassen, einem Zeichen und Werkzeug von Gemeinschaft. Mein ganzer Reichtum ist das, was ich zu geben vermag. Die großen Weisen aller Zeiten haben das gewusst. Schon in den Veden, viele Jahrhunderte vor Christus, heißt es: „Nimm mich auf, gib mich her; indem du mich schenkst, wirst du mich von Neuem empfangen.“ Empfangen und Geben … – In der Physik spricht man von guten elektrischen Leitern; wir sind berufen, gute Leiter von Brot und Freundschaft zu sein.

* * *

Das Gleichnis geht noch weiter. Es hat uns bereits allerhand gesagt: dass die Tür sich für den Freund auf Reisen zu jeder Tages- und Nachtzeit öffnet; dass der Preis der Freundschaft der Mut und die Bereitschaft zum Aufbruch, zum Anklopfen und Bitten ist; dass wir unsere Bedürftigkeit eingestehen und mit allem erdenklichen Freimut um „Brot“ bitten dürfen: um das, was wir und andere zum Leben brauchen; dass es ungeachtet unserer Bedürftigkeit schön und gut ist, einen „reich gedeckten Tisch“, eine festliche Tafel herrichten zu wollen … Doch über all das hinaus können wir dem Gleichnis noch eine Botschaft entnehmen. Am Ende heißt es:

„Wenn er (der Freund drinnen im Haus) schon nicht deswegen aufsteht und ihm etwas gibt, weil er sein Freund ist, so wird er doch *wegen seiner Zudringlichkeit* aufstehen und ihm geben, was er braucht."

Der Weg durch die Nacht und die nächtliche Bitte werden nicht umsonst sein: Der Freund wird dem Bittenden geben, was er braucht. *Geben* ist das Schlüsselwort; mit diesem Begriff erklärt das Evangelium, was Lieben bedeutet.

Der große Geber ist Gott.

Gott gibt: „Wenn nun ihr, die ihr böse seid, euren Kindern gute Gaben zu geben wisst, wie viel mehr wird euer Vater im Himmel denen Gutes geben, die ihn bitten" (Matthäus 7,11).

Gott gibt: „Unser tägliches Brot gib uns heute."

Gott gibt überreichlich, wie uns Jesus in der Episode von der Brotvermehrung anschaulich verdeutlicht: fünf Brote und zwei Fische – und Tausende werden satt.

Gott gibt, über all unsere Vorstellungen hinaus: An ihn glauben, das kann Berge versetzen …

Gott gibt: Er schenkt Leben, ihm liegen seine Geschöpfe am Herzen, nicht zuletzt die kleinsten und unscheinbarsten. Bei ihm dürfen wir uns geborgen wissen, mehr als ein Vogel im Nest: „Ihr seid mehr wert als viele Spatzen" (Matthäus 10,31).

Der Freund drinnen im Haus *wird* aufmachen und geben, weil der da draußen weder Angst oder Furcht noch Scham kennt. Er hat alle Scheu überwunden, er ist ein freier Mensch, einer, der Vertrauen hat und von der Liebe geleitet ist. Und „Furcht gibt es in der Liebe nicht, sondern die vollkommene Liebe vertreibt die Furcht“ (1 Johannes 4,18).

Der Freund drinnen im Haus wird aufmachen, nicht weil er einfach nur genervt wäre, sondern aufgrund der bewundernswerten Hartnäckigkeit des Freundes vor der Tür, die ihn gewiss in Staunen versetzt: Das ist ein echter Freund, der sich nicht scheut, aus Liebe auch die verrücktesten Dinge zu tun! Schon Platon bezeichnete die Liebe als „göttlichen Wahnsinn“.

Vor Gott brauchen wir nie zu fürchten, ungelegen zu kommen; wir müssen uns keine Sorgen machen, allzu unverschämt zu sein: Unser Beten darf durchaus eine Prise Verrücktheit und Übermut enthalten. Haben wir den Mut, in aller Freiheit vor Gott hinzutreten, ohne jedes Wort auf die Goldwaage zu legen. Es ist dabei gar nicht so wichtig, worum wir bitten; wichtig ist vielmehr, dass wir uns voller Glauben und Vertrauen an ihn wenden. Haben wir keine Sorge, in die gewohnten, von der Vernunft und der Tradition diktierten Muster ein Quäntchen von jener Unvernunft einzubringen, die für die Liebe typisch ist.

* * *

Vertrauen prägt das ganze Gleichnis. Der Freund auf Reisen vertraut darauf, dass ihm tief in der Nacht aufgemacht wird. Sein Freund macht sich voll Vertrauen auf den Weg zu einem anderen Freund; er weiß, dass er ihn um Brot bitten kann. Dieser gibt es ihm gern, zumal er sicher sein darf, es zurückerstattet zu bekommen.

Alles Beten lebt von dieser Atmosphäre des Vertrauens. Vertrauen ist ein anderes Wort für Glauben. „Alles, was ihr im Gebet erbittet, werdet ihr erhalten, wenn ihr glaubt" (Matthäus 21,22), sagt Jesus.

Das Gebet wächst auf dem Boden des Vertrauens und schafft seinerseits Vertrauen. Es hilft, das Klima des Misstrauens zu überwinden, Rachegelüste einzudämmen und den Weg der Vergebung zu bahnen. Es hilft, ein Klima zu schaffen, in dem wir uns frei bewegen und verletzlich zeigen können, ohne die Angst, verzweckt oder niedergemacht zu werden. Kurz: Beten hat die Kraft, den Lauf der Geschichte mitzubestimmen.

* * *

Lassen wir einige Gedanken noch einmal nachklingen:

„Wenn einer von euch einen Freund hat ...":
ein Gleichnis über das Gebet,
über das Abenteuer des Lebens mit seinen Nächten,
über Brot und Freundschaft,
die nötig sind – und genug, um gut zu leben!
Ein Freund auf Reisen,
ein anderer mit Brot,
dazwischen ich.
Liebe scheut nicht den nächtlichen Weg,

sie bittet und bekommt und ...
gibt weiter, was sie reichlich empfangen hat.
Lebendige Freundschaft kreist, zieht Kreise.
Vertrauen verändert.
Durch die offene Tür fällt Licht,
und hinter der Tür ist ein Freund, der wartet ...

* * *

Ganz im Einklang mit dem Gleichnis von den Freunden steht eine Stelle aus einem anderen Evangelium, das von Matthäus überlieferte Wort:

„Was auch immer zwei von euch auf Erden einmütig erbitten, werden sie von meinem himmlischen Vater erhalten" (Matthäus 18,19).

Von Einmütigkeit ist da die Rede. Wir sind bereits ganz grundlegend vereint im Verlangen nach „Brot", uns verbindet der Wunsch, gemeinsam die Nacht zu bestehen ... Es ist gut und liegt nahe, sich zusammenzutun und die gemeinsamen Anliegen und Wünsche in Worte zu fassen. Ob wir Freude oder Tränen, Verlangen nach Brot und Liebe, unsere Tage oder Nächte, schöne oder schwierige Etappen oder irgendetwas anderes, das uns bewegt, vor Gott bringen, in allem schwingt der tiefe Wunsch nach Gemeinschaft mit, nach Gemeinschaft in ihrer höchsten Form: nach Freundschaft.

Miteinander sind wir unterwegs, letztlich auf dem Weg zum „Haus des Vaters". Schön ist dieser Weg und schwierig zugleich. Wichtig ist ein starkes Netz von Vertrauen und die Ausrichtung auf eine neue Architektur der zwischenmenschlichen Beziehungen. Die Bibel spricht vom Reich Gottes.

In der Rebekka-Geschichte ging es um Wasser, im Gleichnis von den Freunden um Brot. Dürstende und Hungernde sind wir: allesamt dürstend nach Gemeinschaft, hungernd nach Freundschaft. „Es ist nicht gut, dass der Mensch allein ist“ (Genesis 2,18). Im Beten spricht sich der tiefe Wunsch nach *jemandem* aus, nach einem Menschen, nach einem Gott, der den Lebenshunger stillt, nach jemandem, der uns das Brot der Freundschaft reicht.

„Haus des Brotes“ ist die Übersetzung des hebräischen Wortes Betlehem. Betlehem ist der Ort der Geburt Jesu, der Ort, wo der *Gott-mit-uns* Wohnung genommen hat. Er bietet uns das Brot seiner Freundschaft an, will uns hinführen in die Gemeinschaft mit ihm. Da, bei diesem Gott-mit-uns, kommt unser Beten mit allem Hunger und Durst ans Ziel.

Eine kurze Nachbemerkung: Wenn jemand beim Lesen dieser Gedanken über Gott als Freund so etwas wie Sympathie für diesen Gott empfunden hat, zumindest für einen Moment, dann war dies ein Augenblick des Gebets. Und dann haben diese Seiten ihren Sinn gehabt.

Wie eine Sonnenblume

Das erste Gebet

Wer als Kind im christlichen Glauben erzogen wurde, dem ist am Anfang nicht das Evangelium verkündet worden, sondern er hat kurze Gebete gelernt. Die erste Unterweisung im Glauben geschieht zumeist in Form von Gebeten. Man lernt das Vaterunser kennen, vielleicht auch das Ave Maria oder andere. In chronologischer Hinsicht sind das die ersten Erfahrungen mit dem christlichen Glauben, es ist ein Hineinwachsen in ein vertrautes Vokabular, in Worte, die viele Menschen bis aufs Sterbebett begleiten. Unsere eigene Evangelisierung hat in der Regel mit den ersten Gebeten begonnen.

Wenn ich in diesem Kapitel vom „ersten Gebet" spreche, meine ich allerdings etwas anderes: die tastende, allererste Hinwendung an ein Du, dessen man sich noch gar nicht sicher ist. Es ist ein ganz bescheidenes und doch eindringliches „erstes Gebet" wie jene Bitte eines verzweifelten Vaters, der zu Jesus sagt: „Herr, ich glaube; hilf meinem Unglauben!“ (Markus 9,24).

Ich glaube, hilf meinem Unglauben! Das ist *unser* Gebet, jedenfalls das von vielen von uns. Ein Ausruf, fast ein Schrei – und ein Widerspruch in sich. Ein Ruf aus der Tiefe der Seele, die nicht beten kann:

Ich glaube, ich glaube nicht, so hilf du mir doch, Herr!

Ich weiß nicht mehr, ob ich noch glaube oder nicht mehr glaube; ich habe Glauben, ich habe Zweifel.

Glaube ich? Du aber, Herr, hilf *du* mir!

Du …! Das ist Beten: Gott mit „du“ ansprechen. Wie auch immer. Sogar unabhängig davon, ob und was jemand glaubt.

„Du!“ sagen. Sich an ein „Du“ wenden, das größer ist als unser Glaube und unsere Zweifel. Es ist ein „Du!“, das aus der Tiefe des Herzens aufsteigt, als Ausdruck einer Sehnsucht, die tiefer wurzelt als unser Glaube. Es ist das Gebet des „nackten“ Menschen, der nichts mehr hat, keine Sicherheiten. Vielleicht ist es ein Schrei enttäuschter Liebe. Vielleicht der Schrei eines Vaters im Todeskampf: „Hilf mir, lass mich nicht allein!“

Es ist das Gebet des Menschen, der über den Abgründen des Schmerzes und des Nichts an einem Faden hängt: dem Faden der Liebe Gottes. Bei ihm sucht er seine letzte Zuflucht; Gott soll hinschauen, sich seiner annehmen! Irgendeine Ahnung ist vorhanden: Da ist doch einer, der um uns weiß, der – mehr als auf unseren Glauben – auf unser Leben bedacht ist.

„Du!“ Es ist wie das Schreien eines hungrigen Kindes, das zu stillen die Mutter vergessen hat.

„Du!“ Es ist ein Hoffen in größter Angst und Verlassenheit: „Mein Gott, mein Gott, warum hast *du* mich verlassen?“ (Matthäus 27,46; Markus 15,34). In seiner Beklemmung nimmt Jesus den Faden der Beziehung wieder auf: „*Mein* Gott“ – Ausdruck von Nähe, Gemeinschaft, Zugehörigkeit. Die weiteren Wörter der Frage verblassen fast, besser: Sie markieren den Abgrund, aus dem heraus Jesus den Vater, seinen Gott, sucht.

Doch so tief der Abgrund auch sein mag: Pure Verzweiflung ist das Gebet nie. Kann es nicht sein; denn es sucht trotz allem die Spur von Jemandem, der sich verbergen mag, aber doch da ist. Das Gebet „weiß“ – irgendwie – um einen Adressaten, auch wenn dieser schweigt. Auch in diesem Fall ist es die Hinwendung eines Ichs an ein (womöglich verborgenes, sich entziehendes, schweigendes) Du.

Und dann kann es geschehen, dass die Welt keine Wüste bleibt: „Am Tag meiner Bedrängnis ruf ich zu dir, denn du gibst mir Antwort. Mein Herr, unter den Göttern ist keiner wie du und nichts gleicht deinen Werken“ (Psalm 86,7f).

Beten kann man *immer*. Selbst die eigene Unfähigkeit zu beten können wir Gott hinhalten: Dies ist das demütigste Gebet. Denken wir an das schon zitierte Wort des Gregor von Nyssa: „Wenn du mir nichts zu sagen hast, dann lass es mich trotzdem wissen, schon allein um mir zu sagen, dass du nichts zu sagen hast.“ Selbst das Nichts kann zum Gebet werden; es gibt dieses grund-lose Beten eines leeren Herzens, ein wortloses Beten, weil einem keine Worte mehr kommen.

Und wenn dieses Gebet ohne Echo bleibt, keinen Widerhall findet, keine Gefühle in uns weckt, so bleibt es doch Gebet: ein Gott hingehaltenes Fragment unseres Lebens, so wie es gerade ist, so schwierig es auch sein mag, wie tot vielleicht. Auch das können wir ins Zentrum der (nicht einmal gespürten) Beziehung stellen. Einer Beziehung zu dem geheimnisvollen Anderen, der aller Zauber abhanden gekommen ist; einer Beziehung, zu der ich, wie ich eingestehen muss, gar nicht fähig bin; von der ich meine, sie mir wünschen zu sollen, ohne dass der Wunsch danach wirklich in mir aufkäme. Selbst dann kann ich den Wunsch nach dem Wunsch anbieten: die allerunterste Stufe. Selbst dann kann ich sagen: „Herr, ich verspüre keinerlei Lust zu beten; ich habe keinerlei Sehnsucht nach dir ... Weder spüre ich dich, noch verlangt es mich nach dir. Aber froh bin ich nicht darüber." Es ist ein wahrer Abgrund, ein „De profundis": „Aus der Tiefe rufe ich, HERR, zu dir" (Psalm 130,1), aus der völligen Leere rufe ich, dass doch die entschwundene Sehnsucht wiederkehre und mir aufhelfe ... Ich glaube, ich glaube nicht. Herr, so hilf mir doch!

Es kommt vor, dass unser Herz ganz voll ist von dieser ... Abwesenheit Gottes, ja der Abwesenheit aller Sehnsucht nach ihm. Wir fühlen uns leer, innerlich erloschen. Wie sehr wünschten wir uns dann jemanden, ein Wort, einen Engel, etwas, was unser Herz neu entflammt: Dann, so denken wir uns vielleicht, würden wir auch wieder beten! Doch jetzt fühlen wir uns einfach nicht dazu imstande.

Auch diese Befindlichkeit ist – so paradox es klingen mag – Gebet! „Deine Sehnsucht ist dein Gebet", sagt Augustinus. Auch die Sehnsucht nach der verlorenen Sehnsucht.

In den Psalmen finden sich viele solcher Gebete, in denen sich der Beter aus dem Abgrund heraus an Gott wendet und ihm sagt, er werde wieder beten, ja jubeln können, wenn dieser ihm herausgeholfen haben wird (vgl. z. B. Psalm 51,10). Der Beter weiß, dass er es nicht schafft, bevor Gott ihm das Herz nicht weit gemacht hat (Psalm 119,32). Im Warten darauf aber liegt schon eine leise Hoffnung: Die Erwartung kann sich zu einer neuen Präsenz wandeln.

Nacktes Gebet

Die Bibel erzählt anschaulich, dass es schon ganz am Anfang dazu kommt, dass der Mensch sündigt. Er ist „krank", er muss sterben, es kommt zur Trennung zwischen Gott und Mensch. Das ist wie eine Wunde. Auch für Gott: Es betrifft und trifft auch ihn.

Dem todgeweihten Menschen bleibt ein nacktes Gebet: „Blick weg von mir, sodass ich heiter blicken kann, bevor ich dahinfahre und nicht mehr da bin!" (Psalm 39,14). Es sind Worte aus der Heiligen Schrift, sie tragen gewissermaßen das Siegel Gottes. Selbst wenn jemand, mit Luther gesprochen, „aus menschlicher Schwachheit zu viel wider Gott redet" wie Hiob, so sind Gott die Flüche des Verzweifelten kostbar, sie berühren ihn vielleicht mehr als das Lob der Rechtschaffenen im sonntäglichen Gottesdienst. „Blick weg von mir, sodass ich heiter blicken kann, bevor ich dahinfahre und nicht mehr da bin!", das sind Worte, die auch Gott zu Herzen gehen müssen.

Während die Beter Gott an vielen anderen Stellen in den Psalmen anflehen, er möge sie doch anschauen, weil in Gottes Blick Frieden, Heiterkeit und Vergebung liegen, fühlt sich der Beter hier von Gottes Blick verfolgt. Er spricht wie Hiob: „Wie lange schaust du nicht weg von mir, lässt mich nicht los, sodass ich meinen Speichel schlucke?" (Hiob 7,19). Lass mich doch wenigstens für einen Augenblick in Ruhe! Der Beter spürt, wie der Tod schon nach ihm greift, und dann erwartet ihn – das Nichts. Er glaubt nicht an ein Jenseits, er glaubt nicht an die Gemeinschaft mit seinem Gott ... Es ist ein erschütterndes Gebet, in dem nichts mehr geblieben ist.

Pater David Maria Turoldo hat einmal folgende Verse für diejenigen verfasst, die nicht glauben:

„Bruder, der du dich Atheist nennst,
der du dir viele aufrichtige Gedanken machst
auf der Suche nach einem Gott,
den ich dir nicht geben kann,
lass uns gemeinsam die Wüste durchqueren.
Von Wüste zu Wüste gehen wir
jenseits des Waldes der Glaubensüberzeugungen,

frei und nackt dem nackten Sein entgegen
und dort,
wo das Wort verstummt,
soll unser Weg einmünden."

In dem „nackten Gebet" von Psalm 39,14 können sich alle wiederfinden, die an kein Jenseits glauben oder als Glaubende tiefe Zweifel und Dunkelheiten durchleben. Solche Zeiten können kommen. Aber wir werden spüren, wie immer wieder ein Lichtstrahl durchbricht. Manchmal ist es wie im Finale der Johannespassion von Johann Sebastian Bach (BWV 245), dem Gruß an den toten Jesus im Grab: Bei diesem ergreifenden Schlusschoral von überirdischer Schönheit überkommt einen unwillkürlich eine Vorahnung der Auferstehung.

Wie eine Sonnenblume

Wenn mir die Worte fehlen und mir kein Lied über die Lippen kommt, verharre ich doch einfach da bei ihm, meinem Gott. Wenn meine Gedanken nicht beten können, dann betet mein Körper: Ich stehe vor ihm, bin einfach da bei ihm, nehme mir diese Zeit, lasse die Uhr Uhr sein, knie nieder. Ich bin da. Dieses Vor-ihm-Stehen, dieses Niederknien *ist* Gebet. Auch wenn mir alle möglichen Gedanken, „Zerstreuungen", wie man sagt, durch den Kopf gehen: Es *ist* Gebet, Gebet des Körpers.

Als Johannes, einer der Zwölf, beim letzten Mahl Jesu mit den Seinen den Kopf auf Jesu Schulter legte, war das eine Gebetsgeste, ein besonderes Gebet dieses Jüngers: In dem ihm zugeschriebenen Evangelium finden sich viele Worte, viele Symbole, hier aber lässt er den Körper sprechen, ohne Worte.

* * *

Ob ich gut gebetet habe oder nicht, das werde ich nie wissen. Zu zählen, wie oft ich abgelenkt war, würde die Frage nicht beantworten. Wenige Zerstreuungen = gut gebetet? Nein, diese Gleichung geht nicht auf.

Ich erinnere mich an ein Gespräch zwischen meinen Eltern, das ich hinter der geschlossenen Tür mitbekam. Vor dem Einschlafen pflegten sie gemeinsam den Rosenkranz zu beten. Vater fragte:

„Maria, konntest du ein Ave Maria beten, ohne mit den Gedanken woanders zu sein?"

„Kein einziges", antwortete sie. Darauf er:

„Ich auch nicht, weißt du, aber der Herr sieht. Gute Nacht!"

„Gute Nacht!"

Und das Kind vor der Tür war sich sicher, dass der Herrgott mit einem gütigen Lächeln auf seine beiden großen Kinder blicken würde, in deren Kopf es zuging wie in einem Bienenstock.

Sie hatten den Wunsch zu beten, das zählt. Wieder wird deutlich, dass es nicht so sehr darauf ankommt, Gott Worte zu „schenken“: Was macht er damit? Er kennt sie, bevor sie uns über die Lippen kommen: „Ja, noch nicht ist das Wort auf meiner Zunge, siehe, HERR, da hast du es schon völlig erkannt“ (Psalm 139,4). Wichtig ist, dass ich ihm ein Stück meines Lebens, etwas von meiner Zeit schenke.

* * *

Vor Gott stehen: ein ganz simples Gebet. Es ist wie das Gebet der Sonnenblume, die sich der Sonne zuwendet. Der Lauf der Sonne, ihr großer Bogen am Himmel, spiegelt sich auf dem Feld in der beharrlichen Bewegung der sich mitdrehenden Blüte wider.

Die Sonnenblume kann ein Symbol für uns sein. Unter dem blauen Himmel saugt die kleine Pflanze das Licht und die Wärme der Sonne auf, sie lässt sich lieben, empfängt alles – und wird von der Sonne allmählich selbst in eine kleine Sonne verwandelt.

Die große Sonne widerspiegeln, immer auf der Suche nach ihr sein ...

Doch es kommen auch die Nächte. Für die Sonnenblume sind sie ein kleiner täglicher Tod; sie verschließt sich und neigt sich nach unten: Die Erdenschwere siegt. Aber auch das ist Gebet: Gebet mit gesenktem Haupt, Gebet mit dem Gesicht nach unten, Gebet des Besiegten, des Unterlegenen, des Gescheiterten. Es ist das Gebet dessen, der ganz unten ist, das des Zöllners ganz hinten im Tempel, das des Sünders.

Zu all denen spricht Gott, der HERR, durch Propheten wie Jesaja oder Hosea: Erhebt eure Augen, blickt auf und seht! (vgl. Jesaja 51,6).

Jeden Morgen richtet die Kirche mit dem Lobgesang des Zacharias den Blick auf „das aufstrahlende Licht aus der Höhe“. Wie die Sonnenblume nach der Nacht sollen wir diese tägliche kleine Auferstehung erleben. Jeden Morgen dürfen wir das Haupt erheben und unseren Weg unter der Sonne fortsetzen: „Über denen, die im Land des Todesschattens wohnten, strahlte ein Licht auf“ (Jesaja 9,1).

Wie die Sonnenblume Tage und Nächte kennt,
so auch wir.
So auch unser Beten.
Hören wir nie auf, nach dem Licht Ausschau zu halten.
Auch dann nicht,
wenn wir uns ganz erbärmlich fühlen sollten,
wenn es uns geht wie Hiob, der sagt:
„Siehe, selbst der Mond glänzt nicht hell,
die Sterne sind nicht rein in seinen Augen,
geschweige denn der Mensch, die Made,
der Menschensohn, der Wurm“ (Hiob 25,5f).
Gott will uns sein Licht schenken,
damit wir erhobenen Hauptes weitergehen.

Wir müssen und können, wie ich nicht nur einmal erfahren habe, durch diese „Nächte“ hindurchgehen; sie bleiben uns wohl nicht erspart, doch es bleibt auch dieses instinktive Suchen nach der Sonne. Von ihr geht die Kraft aus, nicht von uns. Es genügt, sich bescheinen zu lassen. Sich der Sonne auszusetzen. In der Kirche spricht man von der „Aussetzung des Allerheiligsten“, wenn die geweihte Hostie, der Leib Christi, in einer Monstranz gezeigt, *unserem* Blick „ausgesetzt“ wird. Eigentlich ist es umgekehrt: Wir müssen uns *seinem* Blick, *seinem* Feuer aussetzen. Die großen Ikonenmaler haben darum gewusst: Man tritt nicht vor eine Ikone, um das Bild anzuschauen, sondern um sich anblicken zu lassen.

Ein Augenblick oder: Beten heisst Gernhaben

Wie oft habe ich gehört: „Pater, beten Sie für mich, denn ich finde nicht die Zeit dafür.“

Keine Zeit zu beten? Das kann nicht sein: Fürs Beten ist immer Zeit! Denn Beten ist wie Lieben, wie Gernhaben, und das kennt keine Unterbrechung. Keine Mutter, kein Verliebter käme je auf die Idee zu sagen: „Jetzt nehme ich mir eine halbe Stunde Zeit zum Gernhaben.“ Die Liebe lebt in allen Fasern, sie durchdringt einen ganz und gar, sie prägt das Fühlen, strahlt aus aufs Denken, sie klopft hin und wieder sehr kräftig an und meldet sich im Bewusstsein. Der Mutter genügt ein Augenblick, um an ihr Kind zu denken und ihm auf geheimnisvollen Wegen einen guten Gedanken zukommen zu lassen. Es ist ein kurzes Innehalten, ein Nachspüren; vielleicht spricht sie auch nur den Namen des Kindes vor sich hin.

So ist es mit dem Beten: Da gehen die Gedanken zu Gott, einfach so; für einen Moment ist er da, wie wir das Gesicht eines geliebten Menschen innerlich plötzlich vor uns haben, wie ein Name, der uns unvermittelt in den Sinn kommt. Und unwillkürlich schicken wir einen Gedanken „nach oben". Wie gesagt: Es sind nicht die Worte, die das Beten ausmachen. Schon der Wunsch, „ein kleines Zeichen zu schicken", ist Gebet. Dieser winzige Augenblick, den wir uns dafür nehmen, diese Hinwendung des Herzens, sie sind Gebet. Ein Gebet, das ankommt. „Ja, noch nicht ist das Wort auf meiner Zunge, siehe, HERR, da hast du es schon völlig erkannt" (Psalm 139,4). Das „Gebet des Augenblicks" erreicht das Herz Gottes.

Worte sagen etwas und verhüllen zugleich auch etwas. Es kann passieren, dass die Worte eines gesprochenen Gebetes Gott hinter einem feinmaschigen Netz aus Bildung und Erinnerungen verbergen. Am authentischsten ist ein Beten, das sich möglichst weniger Worte bedient. Jesus sagt: „Wenn ihr betet, sollt ihr nicht plappern wie die Heiden, die meinen, sie werden nur erhört, wenn sie viele Worte machen" (Matthäus 6,7).

Das Gebet des Schweigens hat den Vorteil, dass keine schönen Worte Gott verbergen können. Mystiker wie Meister Eckhart wussten, dass Gott in allem ist und doch weder dies noch das ist: ein Sowohl-als-auch, ein Wedernoch! Worte sind immer nur Annäherungen. Der Sprung hinein in seine Wirklichkeit ereignet sich in der Stille jener Momente, da wir ihn mit ganzem Herzen, mit all unseren

Gedanken und all unserer Kraft lieben. Das ist immer nur im Augenblick möglich.

Darum sollten wir neu die „offenbarende Kraft“ schätzen lernen, die im Augenblick liegt. Wie kostbar kann ein solcher Moment sein, in dem mitten am Tag kurz der Himmel aufreißt, die Sonne aufblitzt. Vielleicht schenkt Gott uns auch öfter solche Momente, die „nach Ewigkeit schmecken“.

Vor Gott, für Jesus zählt nicht die Quantität, sondern die Qualität. „Als Jesus einmal dem Opferkasten gegenübersaß, sah er zu, wie die Leute Geld in den Kasten warfen“ (Markus 12,41). „Wie ...“ – nicht: wie viel! Die Reichen haben reichlich gespendet, doch die Witwe, die zwei kleine Münzen in den Kasten wirft, hat mehr gegeben als sie alle. Im Reich Gottes gibt es den Druck des „möglichst viel“ nicht, da zählt anderes: die Aufrichtigkeit, das Herz, das Leben und das, was man eingesetzt hat, was man es sich hat kosten lassen, vielleicht unter Tränen ... In der Gabe der Witwe war all das enthalten; darum schätzt Jesus ihre Gabe höher ein.

Beim Beten ist es ähnlich: Es muss Leben drinstecken, mit allem, was dazugehört, Nächte und Auferstehungserfahrungen, Tränen und Lachen. Fehlt das Leben, so kann es passieren, dass allerlei Gebetsformeln aufgesagt, ja ganze Psalmen aneinandergereiht werden, ohne auch nur im Geringsten etwas von einer Begegnung mit Gott zu spüren.

Umgekehrt kann ein Augenblick genügen, und das Herz schlägt höher: wie wenn Liebende aneinander denken.

Solche erfüllten Augenblicke lassen einen anders in den Alltag zurückkehren. Für einen Moment warst du bei ihm, dem Ewigen, hast Licht und Wärme getankt wie die Sonnenblume in der Sonne ...

Wichtig ist, diese innige Begegnung, die keine großen Worte braucht, zu suchen. Jesus sagt: „Wenn du betest, geh in deine Kammer, schließ die Tür zu; dann bete zu deinem Vater, der im Verborgenen ist! Dein Vater, der auch das Verborgene sieht, wird es dir vergelten" (Matthäus 6,6). In deinem Innersten, in jener Intimität mit Gott, die man vor niemandem ausbreitet, weder vor dem Freund noch vor dem Partner, nicht einmal vor sich selber, dort „schaust" du ein Antlitz, das kein Spiegelbild deiner selbst ist. Es ist Gott, der in dir Gestalt annimmt, in dir „Fleisch wird", wie die Mystiker sagen, und der sich selbst in dir entdeckt.

Gott ist nicht fern vom Menschen,
er ist seine tiefste Tiefe.

Das Herzensgebet

Dieses stille Eintauchen in den Augenblick genügte den alten Mönchen freilich nicht. Sie mühten sich nicht nur um eine innere Haltung, sondern suchten eine wirksame praktische Methode. Sie fanden sie in dem Jesus- oder Herzensgebet, konkret: in einer ganz bestimmten regelmäßigen Wiederholung des Namens Jesu in der kurzen Formel:

„Herr Jesus (Christus), erbarme dich meiner."

Sie wird wiederholt im Rhythmus des Atmens oder des Herzschlags: Der erste Teil wird beim Einatmen, der zweite Teil beim schnellen Ausatmen gesprochen, oder es wird bei jedem Herzschlag eine Silbe ausgesprochen.

Beten im Rhythmus des Atems:

Unser Atmen mit dem Namen Jesu zu verbinden ist wie ein Sich-Einschwingen in den Hauch Gottes, mit dem er „das Wort" ausspricht, den Logos mitteilt. In diesem Jesus finden wir Gott selbst; das Anrufen, das Aussprechen von Jesu Namen bringt uns mit Gott in Verbindung.

Beten im Rhythmus des Herzens:

Auch darin steckt eine tiefe Symbolik. Das Herzblut ist Lebenssaft, warm und rot wie Sonne und Feuer, flüssig und salzhaltig wie die Urflut und das Meer. Unser innerer Weg ist ein Weg zum Ort des Herzens. Zum Allernächsten, das doch so weit weg sein kann.

Der Rhythmus des Atems und des Herzens sind ganz ursprüngliche zeitliche Rhythmen, die grundlegenden „Maßeinheiten", in denen das Leben abläuft.

Das Jesuswort „Betet ohne Unterlass!" (vgl. Lukas 18,1; 1 Thessalonicher 5,17) ist nur umsetzbar, wenn darunter kein spezielles Tun verstanden wird, das kontinuierlich fortzusetzen wäre, sondern ein Beten, das mit unserem ganzen Sein verbunden ist, mit unserer Verfasstheit als Menschen, mit dem Leben selbst.

Was aber ist der Mensch? Er ist ein Beziehungswesen: Wir leben aus und in Beziehung; wir sind Frucht einer Beziehung, und in Beziehungen leben wir wieder auf. Beziehung ist die Antwort auf den Ruf ins Dasein. Berufung ist Beziehung.

Unser Beten berührt dann unser Sein, wenn unser Leben-in-Beziehung davon geprägt ist und darauf ruht: in den Handlungen und Entscheidungen, in der Weise, wie wir anderen begegnen, in praktizierter Sanftmut, Gerechtigkeit, Milde, Ausdauer.

Ich bete allezeit, wenn all dies von meinem Bezug zu Gott, zu Jesus geprägt ist; wenn ich für ihn und um seinetwillen handle, spreche, mich so und nicht anders entscheide. Ich bete allezeit, wenn Gott der Referenzpunkt meines Lebens ist, manchmal bewusst, meistens nicht. Wie ein stilles Pulsieren liegt dieses „Beten“ allem Tun zugrunde; hin und wieder tritt es an die Oberfläche wie ein unterirdischer Fluss in einer Karstlandschaft. Aber nur hin und wieder, und nicht selten nur mit Mühe.

Je weiter wir auf diesem Weg kommen, je näher wir dem „Ort des Herzens“ sind, desto mehr wird auch unsere Sehnsucht von diesem stillen Pulsieren getragen: In allem wünschen wir uns diese lebendige Beziehung zu Gott. In ihm findet unser Leben seine innere Einheit, werden wir eins mit uns selbst. Eins mit ihm. Mit allen Fasern unseres

Leibes, mit ganzer Seele werden wir ihn loben, wie es die Psalmen tun.

Pflegen wir das Jesusgebet, das Herzensgebet, wie Verliebte, die nicht müde werden, den Namen des geliebten Menschen zu wiederholen und mit ihrem ganzen Sein beim anderen zu sein, was immer sie tun. Solches Beten hat etwas Unersättliches; nur der versteht es, der etwas vom „göttlichen Wahnsinn der Liebe" erfahren hat.

Das letzte Gebet

Selig, die rein sind im Herzen; denn sie werden Gott schauen" (Matthäus 5,8). Es geht um die Bekehrung zum verborgenen Gott.

Er ist da, überall. In den Wolken am Himmel wie in den Furchen auf dem Feld, im Röhren des Hirschs wie im ersten Schrei eines Neugeborenen: Die ganze Schöpfung ist erfüllt von seiner geheimnisvollen Präsenz. Er ist da in jedem Verzicht um einer größeren Liebe willen, in jedem Verlangen nach Freiheit, in der unauslotbaren Tiefe eines Blicks, im Brot, das uns tagtäglich am Leben erhält, im Wein, diesem Symbol der Hingabe und Freude, auch in unserer Leiblichkeit, in unserem „Fleisch", wie es in der Sprache der Bibel heißt, ist er da.

Somit ist auch die Umarmung von Braut und Bräutigam Gebet.

Herr, wie könnte ich mich lösen von dir und dem Netz, mit dem du mich umfängst?

> „Von hinten und von vorn hast du mich umschlossen,
> hast auf mich deine Hand gelegt.
> Zu wunderbar ist für mich dieses Wissen, zu hoch ...
> Wenn ich hinaufstiege zum Himmel – dort bist du;
> wenn ich mich lagerte in der Unterwelt – siehe, da bist du.
> Nähme ich die Flügel des Morgenrots,
> ließe ich mich nieder am Ende des Meeres,
> auch dort würde deine Hand mich leiten ...“
>
> (Aus Psalm 139)

Dies ist das letzte Gebet: Ausdruck der inneren Gewissheit, im Netz des großen Fischers sicher aufgefangen zu sein, geborgen bei ihm, der uns vor dem Untergang bewahrt. Er hebt uns aus den Tiefen empor, errettet uns aus den dunklen Wassern, um uns Luft zum Atmen zu geben und ein neues Herz, eine ganz neue Weite, das Licht eines neuen Morgens.

Gott will uns beflügeln, uns *mehr Leben* schenken. Er denkt „Gedanken des Heils und nicht des Unheils“ und will uns „eine Zukunft und eine Hoffnung geben“ (Jeremia 29,11), ein Mehr an Leben in der Verbindung mit ihm, damit wir das Leben zelebrieren, es feiern können. So wird „unser ganzes Leben ein einziges großes Gebet“ (Origenes), erfüllt von der Weite des Himmels, unter dem alles auf Erden Platz findet.

Schrei und Lobpreis

Die Psalmen: Gebete mitten aus dem Leben

Als das große Gebetbuch der Juden und der Christen sind die Psalmen ein Werkzeug der Gemeinschaft und eine Aufforderung, unsererseits Grenzen und Gräben zu überwinden. Wie für die Juden sind sie auch für die Christen seit jeher ein ungemein kostbarer Schatz – auch heute.

Wenn jemand die Bibel aufschlägt und in den Psalmen liest, kommen diese Worte neu ans Licht. Eigentlich ist es zu wenig, von einem „Leser“ oder einer „Leserin“ der Psalmen zu sprechen; denn mit dem Lesen werden die Psalmen selbst lebendig. Was wie toter Buchstabe bloß in einem Buch stand, bekommt neues Leben – durch die Lesenden und den Gottesgeist, der mit am Werk ist.

Es lohnt allemal, diese „alttestamentlichen“ Seiten zu öffnen. Es ist wie bei einer Perle: Wer sie finden will, sollte beide Seiten der Muschel öffnen. Als Christen sollten wir nicht nur das Neue, sondern auch das Alte Testament aufschlagen. In der Zwei-Einheit der Bibel finden wir die unschätzbar kostbare „Perle“, von der Jesus spricht (vgl. Matthäus 13,45).

Wenn die Lektüre des biblischen Textes uns zum Beten führt, wird aus dem geschriebenen Wort Kommunikation, lebendige Beziehung. Die Welt wird strukturiert: Da ist ein Ich und ein Du, ein Empfangen und ein Antworten, ein Kommen und Gehen, ein Haben und Geben: Beten strukturiert die Welt.

* * *

Häufig wurden und werden die Psalmen gesungen. Nicht nur die Augen des Lesers, nicht nur seine Gedanken und Wünsche sind involviert, sondern auch die Stimme und die Kunst, der Leib und die Geschichte, die menschliche Natur und die Kultur von Jahrhunderten. Schon beim Vortrag, beim Rezitieren, besonders aber beim Singen geschieht mehr als beim stillen Lesen: Das Wort wird hörbar, vernehmbar für andere.

Insbesondere im Gottesdienst: Eine feierliche Liturgie ist eine Verdichtung von Kultur und Schönheit, zumal in einer Kirche mit ihrer speziellen Architektur, mit ihren Skulpturen und Gemälden, mit Kerzen und Blumenschmuck: Wenn dort gesungen oder gebetet wird, wenn Texte vorgetragen werden, wird etwas sichtbar vom Potenzial menschlicher Kreativität. Zahllose Menschen waren und sind da beteiligt. Das hat Gewicht, das hat Geschichte, das trägt und spornt an.

„Vortragen“, „Rezitieren“ lässt womöglich an Schulunterricht und Theater denken, die Assoziationen sind gemischt. Wie auch immer, wir sollten die Vorteile des Rezitierens nicht übersehen. Im Rezitieren und Gesang geschieht eine eigentümliche Verbindung von Absenz und Präsenz. Wenn ich ein Gedicht oder einen Psalm rezitiere, bin ich einerseits bloß die Stimme eines anderen; der Autor ist abwesend. Andererseits muss ich mir für einen guten Vortrag seine Worte möglichst zu eigen machen. Solche Rezitation ist lebendige *traditio*: In meiner Person wird die Botschaft, die von woanders herkommt, im Hier und Heute aktualisiert. Ich mache sie präsent, gebe weiter, was in dem Psalm drinsteckt; die ganze „Ladung“ an Heiligkeit und Kreativität, die in diese Gebetsworte eingeflossen ist, entfaltet ihre Kraft. Das ist wahre „Tradition“.

Wie ein Chor mit vielen Stimmen

in Israel?

Mit den Psalmen ist es wie mit den Broten, die nach dem Brotwunder körbeweise gesammelt wurden. Eine wunderbare Vermehrung ist geschehen; denn aus ihnen sprechen längst viele Stimmen.

Da spricht das jüdische Volk, aber nicht nur. Als Christen können wir heraushören, was Jesus Christus uns durch sie sagt, aber wiederum nicht nur dies. Sie sprechen auch von mir und meinem Leben – aber nicht allein davon. Sie sind auch nicht einfach die Stimme der Armen in der Welt oder Stimme der Kirche. Aus den Psalmen können wir einen vielstimmigen Chor von Stimmen heraushören: die der Juden, die der Kirche von heute, die Stimme Jesu Christi, die der Armen, die eigene, und alle diese Stimmen klingen ineinander, bereichern, erhellen sich gegenseitig. Wer die Psalmen betet, kann sie mal so, mal so lesen, ja er sollte sich darin üben, die „plurale Seele“ der Psalmen ernstzunehmen, verschiedene Register zu ziehen: mal zu hören, was das Volk Israel da sagt; dann, was Christus ihm damit sagen möchte oder die Kirche oder die Armen der Erde oder das eigene Herz. Wenn wir Probleme mit den Psalmen haben, dann liegt es oft daran, dass unser Horizont noch nicht weit genug ist.

* * *

Wenn Christen von Anfang an, durch die Jahrhunderte hindurch diese Gebete Israels mitbeten, so erkennen sie an, dass dieses Volk es verstanden hat, als Zeuge der ganzen Menschheit zu sprechen. Als Zeichen für die Völker ist Israel ja erwählt, und so hat es die Fragen und Nöte der Menschen, den Schrei der Menschheit aufgenommen und artikuliert. Im Schrei der Psalmen sind alle mit drinnen, unsere Vorfahren und die Menschen aller Zeiten rücken uns nahe. Es ist ein machtvoller Schrei zu Gott, dass er „die Kinder des Todes am Leben“ erhalten möge (Psalm 79,11).

Alles, was zum Menschsein gehört, *mein* ganzes Menschsein kann sich mit diesem Schrei vereinen.

* * *

Was besagt nun dieser „Schrei" der Psalmen? Ziemlich genau in der Mitte der 150 Psalmen steht Psalm 77, ein zentraler Psalm, in dessen Mitte wiederum sich folgender Vers findet:

> „Ich sagte: Das ist mein Schmerz,
> dass die Rechte des Höchsten so anders handelt."
>
> (Psalm 77,11)

Der Psalmist spricht von einer Veränderung im Handeln Gottes. Vorbei sind die Zeiten der staunenswerten Wunder, vorbei die Zeiten Abrahams und des ruhmreichen kriegerischen Exodus. Nun stellt die Bibel uns ja nie bloß wundervolle vergangene Zeiten vor Augen, sondern auch ein wunderbares Morgen und Übermorgen. Doch auch das liegt fern – und das nagt, das tut weh.

Der Psalmist bekennt:

> „Ich war aufgewühlt und konnte nicht reden.
> Ich sann nach über die Tage der Vorzeit,
> über längst vergangene Jahre."
>
> (Psalm 77,5f)

Auf die eine Generation, die den wunderbaren Auszug aus Ägypten erlebt hat, folgten Dutzende andere, die dieses Ereignis nur aus Erzählungen kannten. Sie mussten miterleben, wie die Philister die Bundeslade erbeuteten. Sie haben gesehen, wie die Söhne Davids gegen diesen rebellierten. Sie wurden Zeugen der Schreckenstaten, die die Herrscher und Heere aus dem Osten verübten. Und dann das Exil ... Da stellte sich zwangsläufig die Frage:

„Hat seine Huld für immer ein Ende?
Hat aufgehört sein Wort für alle Geschlechter?“
(Psalm 77,9)

Es ist der Schrei der Kinder, der nachfolgenden Generationen. Die wunderbaren Zeiten sind vorbei ...

Es folgt eine Relecture des Exodus, des Weges durch das Rote Meer:

„Dröhnend rollte dein Donner,
Blitze erhellten den Erdkreis,
die Erde bebte und wankte.
Durch das Meer ging dein Weg,
dein Pfad durch gewaltige Wasser;
doch deine Spuren erkannte man nicht.“
(Psalm 77,19f)

Gott tut auch weiter Wunder, aber er verwischt die Spuren: Sie sind nicht zu erkennen. Das Meer wird gesehen als Ort der nicht erkennbaren Präsenz Gottes; das Meer des Exodus wird zum Meer des Nichtwissens.

Wer wird den Weg Israels, den Weg Gottes durchs Meer wiederfinden, wenn die sich öffnenden Wogen sich wieder geschlossen haben? Der Durchzug durchs Meer kann nicht archäologisch untersucht werden, auch andere Wunder lassen sich nicht „ausgraben“ wie der Schatz von Troja. Doch auch wenn man die Spuren nicht erkannte und nicht erkennt, so weiß der Psalmist doch: Gott ist verborgen da, er geht den Weg mit, der durchs Meer führt. Und er wird sein Volk „wie eine Herde“ (77,21) auf seine Weide leiten. Ja, Gott schreitet übers Meer, das für Israel auch ein Symbol des Todes war, und flutet die Wege des Todes mit Leben.

Wenn *wir* uns fragen, welche Wege Gott für seine Kirche, für unsere jeweilige Gemeinschaft, für mich und meine Familie vorgezeichnet hat, werden auch wir mit dem Psalm sagen müssen: Deine Spuren, HERR, kennt niemand!

Aber wir dürfen auch Vertrauen haben: Trotz allem gibt es einen Weg: den übers Wasser. Gott ist da, und er geht mit. Auch heute. Der Psalm löst sich von der Chronik, er handelt nicht bloß von einer bestimmten Zeit in der Vergangenheit. Er lässt sich auf viele Momente in der Geschichte beziehen, in der Geschichte Israels, in der Geschichte Jesu, in meiner persönlichen Geschichte. Er hat eine überzeitliche Dimension.

In welche Situation er auch hineinspricht, eines bleibt festzuhalten: Es geht um einen *Weg*. Für den, der unbeweglich da verharrt, wo er ist, für den, der sich nicht aufmacht, für den gibt es keine Erfahrung der Nähe und des Wirkens Gottes. Gottes Sorge um uns Menschen kennen nur die, die weitergehen, die in Bewegung bleiben.

* * *

Die Psalmen sind voller dramatischer Situationen. Allenthalben ist vom Schatten des Todes und von der Bedrohung durch Feinde die Rede: „Mir bebt das Herz in der Brust;

mich überfielen die Schrecken des Todes“ (Psalm 55,5); „Aus den Tiefen rufe ich, HERR, zu dir“ (Psalm 130,1); „Nichts blieb gesund an meinem Fleisch“ (Psalm 38,4). Wo man auch in die Psalmen hineinblättert, man stößt immer wieder auf solche Stellen.

Wie sehr unterscheiden sich diese Gebete von den meisten, die wir formulieren: Da geht es häufig um mehr oder weniger kleine Probleme und Unannehmlichkeiten. In den Psalmen herrscht ein anderer Ton, teilweise so hart und schroff, dass es übertrieben wirken könnte. Aber treffen sie nicht doch den Nerv? Vielleicht mehr, als uns bewusst ist, solange es uns gut geht:

– Wer einmal ein schlimmes Unglück erlebt hat, weiß, wie das bleibende Spuren hinterlässt; das Leben kann über Jahre, wenn nicht für immer von diesem Schmerz gezeichnet sein.

– Jeder Mensch ist sterblich: Der Tod erwartet jeden von uns, er nistet gewissermaßen von Anfang an in uns, und so sehr wir uns mühen, ihn zu verdrängen, bleibt es dabei: Das Leben ist „nur ein Hauch“ (Hiob 7,7); „Ein Hauch nur ist jeder Mensch“ (Psalm 39,12).

– Auch wenn es mir selbst gerade gut geht, so gibt es zahllose Menschen in aller Welt, die in diesem Moment einsam, krank, voller Angst sind, die verfolgt oder gar getötet werden. Mit ihren drastischen Worten helfen die Psalmen uns, nicht bloß als Unbeteiligte und nicht direkt Betroffene „für sie zu beten“; sie rütteln uns vielmehr auf, helfen uns, lebendig Anteil zu nehmen. Das ist ein kleiner und doch so wichtiger Unterschied: Denn dann beten wir an ihrer Stelle, dann werden wir zu ihrer Stimme. Wir identifizieren uns mit den Verängstigten, Leidenden, Vertriebenen, Bedrohten ...

Wir werden zum Sprachrohr, wir sprechen als „Adam", als Mensch. Als Abel. Als Kain. „Ich bin sie." Ich bin jener Namenlose, der in diesem Moment zum Himmel schreit, irgendwo in Afrika oder in der Peripherie von Sao Paulo; ich bin die Stimme derer, die von den Küsten Apuliens ins Meer zurückgeschickt oder an den Grenzen der reichen Länder abgewiesen werden.

Die Psalmen *mitbeten*, das ist also etwas völlig anderes, als den Pechvögeln dieser Erde das Almosen eines Gebetes zukommen zu lassen.

Beim Beten der Psalmen sind es die Leidenden, die Menschen in Not, die uns, die mich durch ihren Schrei verändern. Sie brechen unser Herz auf und weiten es; sie bahnen sich den Weg ins Herz der Betenden, so wie sie sich den Weg in die Bibel gebahnt haben. Und endlich tut sich eine Chance auf, dass sie ihren Platz in der Geschichte bekommen.

In einem Eisenbahnwaggon Richtung Vernichtungslager fand man einen mit Bleistift geschriebenen Zettel, auf dem eine Jüdin notiert hatte: „Ich, Eva, bin hier mit meinem Sohn Abel. Wenn du Kain siehst, meinen anderen Sohn, sag ihm ..." Keiner hat mit Kain geredet. Wie gehen diese Zeilen zu Herzen: So beginnt ein Psalm!

Die Psalmen sind ein Anruf, sich den Schrei der Menschen zu eigen zu machen ... Es ist das, was Gott selbst getan hat: Er sieht die ganze Menschheit wie einen einzigen Leib, einsgeworden mit Christus, eins mit dem Schrei seines Sohnes am Kreuz. Er hat den Schrei der Menschen zu seinem Schrei werden lassen und die Verlorenen und Zerstreuten zusammengeführt; in ihm sind wir alle verbunden, wir alle mit unserer Not und unserer Sehnsucht.

Nicht gönnerhaft das Almosen der Hilfe anbieten, sondern uns als ein Leib zu verstehen, dazu verhilft uns das Buch der Psalmen. Der Betende wird eins mit den Verlorenen und Zerstreuten, so „wie die über die Hügel verstreuten Ähren ein Brot werden“ (vgl. Didachè 9,4). Dass wir in Christus ein Leib und ein Geist, ein Herz und eine Seele werden, darum bittet die Kirche Gott auch in der Eucharistiefeier.

Das Ich des Gedemütigten ist das Ich Jesu Christi und das des Betenden. Da wächst Einheit. So macht Gott Geschichte, auch durch die Psalmen: indem er Gemeinschaft schafft und neue Freiheit ermöglicht.

Mitten im Leben, in der Mitte des Glaubens

Nach dem „Schrei“ als vorherrschendem Motiv ist es vor allem die Sehnsucht nach Leben, die in den Psalmen Ausdruck findet. Wiederum in einer aufrüttelnden Intensität, die wir nur beneiden können.

1. Unter Leben verstehen die Psalmen etwas ganz Einfaches, Elementares, nicht anders als das, was auch wir spon-

tan damit verbinden. Wenn wir von der Sehnsucht nach Leben sprechen, dann ist da alles enthalten, was wir uns wünschen können, ohne groß zu differenzieren.

Die hebräische Sprache hat dafür ein Wort, das verschiedene Sinnrichtungen vereint: *nefesch*. Es bedeutet Lebenshauch, Persönlichkeit, Kehle, Seele. Es verbindet Atmen, Essen und Trinken, die dürstende Kehle und den gesättigten Mund, die vor Angst sich zuschnürende Kehle und den im Singen weit sich öffnenden Mund. Kehle steht für Seele, für Leben mit all seinen Facetten, mit dem Schmerzlichen und Schönen. Die Bibel, nicht zuletzt der Psalter, thematisert die ganze Bandbreite in einem In- und Nebeneinander, wie wir es sonst wohl nur von Kindern kennen, die in einem Moment laut weinen und im nächsten wieder strahlend lachen können.

Der Mensch wird dabei in einer uns fremden Weise als Einheit von Leib und Seele gesehen. Während wir Leib und Seele, Körper und Geist auseinanderdividiert haben, ist das für den Menschen der Bibel eins.

Damit hängt zusammen, dass in den Psalmen überraschend viel von Materiellem, Physischem, Körperlichem gesprochen wird. Für uns ist das eine wichtige Lektion: Es sagt uns, dass wir das Leben nie auf etwas bloß Spirituelles reduzieren dürfen. Denken wir nur daran, wie oft uns die Evangelien einen Jesus zeigen, der sich ganz konkret um das leibliche Wohl der Menschen kümmert. Und wenn er das tut, so ist das nie etwas „nur Äußeres", sondern Ausdruck seiner Zuwendung, etwas Ganzheitliches.

Man kann materielle Gaben geben und den anderen Menschen doch ablehnen; eine solche Gabe ist „falsch“, verwerflich, da strömt kein Leben. Was immer unsere Hände anderen reichen, was immer andere uns geben, ob Kleidung oder Brot, Dienste oder Medikamente, es ist nie bloß die Sache an sich, sondern immer auch ein Zeichen, und es sollte ein Symbol des Lebens sein.

Es dürfte schon deutlich geworden sein, dass in den Psalmen mit „Leben“ nicht „das ewige Leben“ gemeint ist, so wie es in unserer Frömmigkeitstradition oft verstanden wird. Das Leben, von dem in den Psalmen die Rede ist, schmeckt nach Brot, nach gefüllten Kornkammern, nach Liebe und Nachkommen.

2. Im Wissen, dass das Leben so vergänglich ist, „nur ein Hauch“, wird Gott geradezu bestürmt mit Bitten wie:

„Eile, erhöre mich!“ (Psalm 69,18),

„Eile, HERR, gib mir Antwort, denn es erlischt mein Lebensgeist!“ (Psalm 143,7).

Die Zeit drängt! Wie kurz ist doch das Leben! In den Psalmen geht es um die irdische Existenz: Da ist Gott am Werk, da soll er wirken. Danach, in der Unterwelt (*sheol*), ist es damit vorbei: Die Psalmen haben dieses Leben hier im Blick, und diese Ausrichtung hat durchaus ihre Berechtigung! Sollten wir meinen, dass die Auferstehung Jesu nur das Jenseits beträfe, blieben wir hinter den Gläubigen im Alten Testament zurück, die wissen: Gott erreicht uns hier in unserem irdischen Leben. Übrigens auch der Auferstandene: Er schenkt uns Leben hier und heute, ein Leben, das dann weitergeht und keinen Untergang kennt. Der Psalmist hat noch keine Vorstellung von der Auferstehung; wir frommen Christen hingegen laufen Gefahr, keinen rechten Sinn mehr für dieses Leben in seiner konkreten Materialität und Leiblichkeit zu haben. Doch genau darin „spielt das Leben". Wie Jesus in der „Rede vom Weltgericht" sagt: „Ich war hungrig und ihr habt mir zu essen gegeben, ich war durstig und ihr habt mir zu trinken gegeben, ich war krank und einsam ..." (vgl. Matthäus 25,35ff).

3. Immer wieder richtet sich in den Psalmen die Hoffnung auf materielle Dinge. Gott wird gebeten, „die lechzende Kehle zu sättigen und die hungernde Kehle mit Gutem zu füllen", und er wird gepriesen, wenn er dieses Verlangen stillt (vgl. Psalm 107,9). Einige weitere Beispiele:

„Unsere Speicher sind gefüllt, überquellend von vielerlei Vorrat. Unsere Schafe und Ziegen werfen tausendfach, vieltausendfach auf unseren Fluren" (Psalm 144,13);

„Du tust deine Hand auf und sättigst alles, was lebt, mit Wohlgefallen" (Psalm 145,16);

„Deine Frau ist wie ein fruchtbarer Weinstock im Innern deines Hauses. Wie Schösslinge von Ölbäumen sind deine Kinder rings um deinen Tisch herum" (Psalm 128,3).

Der Blick geht auf all diese konkreten Aspekte des Lebens, auf alles, was wir uns wünschen oder wünschen können.

Natürlich ist, auch wenn wir einfach nur um „Brot" bitten, auch unser Geist mit dabei, die Sprache, die Esskultur usw. Menschliches Leben ist niemals „nur materiell“. Und es ist niemals nur eine individuelle Angelegenheit. Als Menschen sind wir mit anderen verbunden.

Sobald nun eine Bitte um Brot nicht nur auf „Brot für mich“ zielt, sondern auf „unser Brot“, kommt auch eine spirituelle Dimension mit ins Spiel. Die Psalmen sind nie nur als „Gebet für mich“ zu verstehen, vielmehr sind die anderen immer auch mit drinnen. Aber auch diese spirituelle Dimension setzt vom ersten Moment unserer Existenz an bei unserer Leiblichkeit, von der Nahrung bis zur Sexualität. Diese Einheit kennzeichnet das Beten im Sinne der Bibel. Diese Einheit prägt auch den tiefen Wunsch nach einem friedvollen Zusammenleben der Menschen: „Erbittet Frieden für Jerusalem! Geborgen seien, die dich lieben“ (Psalm 122,6). Es ist eine Bitte, in der Menschliches und Spirituelles untrennbar verbunden sind.

Und Gleiches gilt für unser Leben von allem Anfang an. Wir sind Leib und Seele; die beiden haben sich, bildlich gesprochen, gefunden und sind eins geworden. Heil und Leben gehören zusammen, der Glaube hat seinen Sitz in der Mitte unserer Existenz.

Es ist ein und derselbe Durst, der tief im Menschen und in den Tiefen Gottes brennt, wie auch die Liebe eine einzige ist. Es gibt nur eine Mitte. Die Mitte ist eins.

Das mag eine ungewohnte Perspektive sein, aber sie erhellt schlagartig viele Stellen der Bibel. Vielleicht haben wir uns gewundert, dass Gott so viele materielle, sichtbare Güter verheißt. Es geht darum, diese „irdischen“ Wünsche zu würdigen und richtig zu verstehen. Sonst müssten viele biblische Verse der Zensur anheimfallen. Treffen wir die richtige Wahl!

Nichts wird uns abgehen, wenn wir im Sinne der Bibel um Leben bitten: „Der HERR ist mein Hirt, nichts wird mir fehlen“ (Psalm 23,1). Nichts! Keine meiner Erwartungen wird enttäuscht werden. Die Psalmen sprechen eine eindrucksvoll klare Sprache. Ganz plastisch wird uns alles geboten, was schön und gut ist, in allen Farben, zum Anfassen, köstlich wie ein frisch gebackenes, noch warmes Brot. Wenn wir von Gott sprechen, wenn wir beten, wenn es um „geistliches Leben“ geht, müssen wir uns all diese ganz konkreten Dimensionen mitdenken: Leben, so zeigen uns gerade die Psalmen, ist ein Ganzes, eine Einheit.

> „So gehe ich meinen Weg vor dem HERRN
> im Land der Lebenden.“
>
> (Psalm 116,9)

„Im Land der Lebenden“ – mit allem, was dieses zauberhafte Wort an Bildern und Wünschen in uns wachruft.

Niemand kann so genau sagen, was er sich wirklich wünscht: Dies gehört offenbar zum Wesen der Sehnsucht. Es geht weniger um dies oder das, sondern um eine Bewegung: Sehnsucht haben heißt Aufbrechen in je neue Weiten, immer wieder über alles hinaus ...

Lesen wir die Psalmen mit unserer Sehnsucht und füllen wir sie damit, und erkennen wir umgekehrt in ihnen unser Sehnen.

4. Beten bedeutet auch, all unser Sehnen auszurichten auf seinen Brennpunkt; Beten beinhaltet eine Fokussierung.

Unsere Sehnsucht ist zunächst einmal der Resonanzraum, ohne den wir die Frohe Botschaft gar nicht hören können. Darum setzt Jesus bei unseren Wünschen an. Nicht von ungefähr ist das erste Wort Jesu im Johannesevangelium die Frage: „Was sucht ihr?“ (Johannes 1,38).

Was suchen wir?

Jesus appelliert nicht an unseren Verstand. Zu wissen, was wir suchen, ist keine Frage der Intelligenz.

Jesus appelliert auch nicht an unseren Mut oder unsere Fähigkeiten und Talente.

Jesus interessiert, wonach wir uns sehnen, was wir suchen. Wissen wir das eigentlich? Was wünschen wir uns? Wonach sehnen wir uns wirklich?

Unsere Sehnsucht ist der Ort, wo seine Verheißungen Widerhall finden. „Ich bin gekommen, damit sie das Leben haben“ (Johannes 10,10), sagt Jesus. Ohne den entsprechenden Resonanzraum würde uns gar nicht interessieren, was er uns geben will. Was könnte uns das Evangelium schon geben, wenn der Wunsch nach Liebe und Leben in uns nicht lebendig ist? Der hl. Ignatius sagt: „Ich wünsche euch die Sehnsucht danach, Sehnsucht zu haben.“

Wie kann der beten, der sich nichts mehr von der Zukunft erhofft?

Wie kann der beten, dessen Leben erstarrt ist?

Wie kann der beten, dessen Herz weder Erwartungen noch Wünsche kennt?

Unser Beten erwächst mitten aus unserem Leben; es ist mit allem verknüpft, was unser tagtägliches Leben ausmacht. Was unser Herz erfüllt, das findet im Gebet Raum, und gerade das macht die Lebendigkeit und die Faszination des Glaubens aus.

Wir merken sofort, dass Christsein weit mehr ist als das Erfüllen von Geboten. Die letzte Versuchung der Moderne liegt darin, das Christentum auf die guten Werke zu reduzieren. Die Transzendenz entschwindet. Im Zentrum stehe ich, nicht Gott. In diesem Gewand kehrt der christliche Moralismus zurück: Religion reduziert auf Ethik, Christentum als Moral. – Wo bleibt da die Frohe Botschaft?! Geschichte machen wir als Christen, indem wir die frohe Botschaft, dass Gott uns Menschen liebt, in die Welt hineintragen. Heil und Erlösung liegen ja nicht darin, dass ich zu lieben versuche, sondern dass Gott mich liebt. Gott ist Mensch geworden, damit wir vergöttlicht werden und aus *seiner* Liebe leben, verbunden mit ihm. Um diese Verbindung von Mensch und Gott, in der das Leben sich weitet, geht es. Eine Reduktion auf tätige Nächstenliebe, die das übersähe, liefe Gefahr, eine „atheistische Religion" hervorzubringen, in der Gott keine Rolle spielt. Doch ein kohärentes ethisches Verhalten, das an der Liebe Maß nimmt, ist nicht zuerst Forderung, sondern *Folge* der lebendigen Beziehung zu jenem Gott, der uns Menschen liebt und unsere Sehnsucht ernst nimmt.

5. Unsere Sendung als Christen besteht also zunächst darin, die Sehnsucht, die Wünsche der Menschen von heute

wahrzunehmen, Richtungen einer Antwort aufzuzeigen und – Wünsche zu wecken.

Oft liegt das Problem darin, dass wir die Antennen nicht ausgefahren haben, um zu hören, was die Menschen von heute sich wünschen und was ihnen zu schaffen macht. Ich bin sicher: Im Herzen menschlicher Existenz findet sich exakt dasselbe wie im Zentrum des Glaubens, wie in der Mitte des Evangeliums: die Liebe. Genau diese Übereinstimmung ist die große Kraft unseres Glaubens.

Die Psalmen als Gebete der Juden und der Christen haben uns diesbezüglich viel zu sagen: Denn sie verbinden das, was unsere Existenz zuinnerst bestimmt, mit dem, was das Herz des Glaubens ausmacht. Lassen wir uns von den Psalmen begleiten, um diese Einheit immer bewusster wahrzunehmen und Wirklichkeit werden zu lassen. Dazu aber ist es nötig, dass wir – und auch dabei können die Psalmen uns helfen – in uns hineinhören und wahrnehmen, was die Liebe uns schweigend, mit leiser Stimme, manchmal vielleicht auch lautstark sagt.

Pfade und Wege

Die Psalmen sind voll von Pfaden und Wegen, die wie gemacht sind für uns. Für Leib und Seele. Es sind geerdete Wege, auf denen wir wie beflügelt vorankommen, wenn wir das Ziel im Blick haben. Und Gott geht mit und leitet uns: „Der Herr behütet dein Gehen und dein Kommen …“ (Psalm 121,8); „Er leitet mich auf rechten Pfaden“

(Psalm 23,3). Das Ziel des Weges ist „der Berg“, das heißt: Ganz nach oben zielt die Sehnsucht. Gott selbst muss uns dorthin bringen: „Führe mich auf den Felsen, der mir zu hoch ist“ (Psalm 61,3). Gott wird uns den Weg freimachen und sicheres Geleit geben, wie seinerzeit beim Auszug aus Ägypten, auf dem Weg durch die Wüste ins verheißene Land.

Unsererseits sind wir gerufen, uns aufzumachen und der Stimme der Sehnsucht zu folgen, in der die Frohe Botschaft widerhallt.

Der Weg zu Gott besteht in der Regel nicht in einem unvermittelten Sprung ins Absolute, sondern verläuft meist ruhig, so still und leise wie das Wachsen der Saat: Der Sämann „schläft ... und steht wieder auf, es wird Nacht und wird Tag, der Samen keimt und wächst und der Mann weiß nicht, wie“ (Markus 4,27).

Dieser Weg ist für jeden anders. Denn jedem begegnen unterwegs andere Menschen, auf jeden kommen andere Aufgaben zu. Für alle aber gilt, dass wir nur weiterkommen, wenn das Herz mit dabei ist. Und dabei hilft nicht zuletzt das Gebet, allerdings nur in dem Maße, wie es echt ist und mit unserem Herz in Einklang steht.

Doch oft klafft beides auseinander: Unser Herz sehnt sich nach bestimmten Dingen, wenn wir nicht beten. Und wenn wir dann beten, erbitten wir etwas ganz anderes als das, wonach das Herz sich sehnt. Wie steht es da um die Echtheit unseres Betens? Was ist zu tun, wenn wir diese Diskrepanz bei uns beobachten?

Zweierlei. Zum einen muss die Sehnsucht unseres Herzens unser Gebet „nähren“. Zum andern muss das Beten die Sehnsucht unseres Herzens verwandeln.

Wenn wir beten: „Zeige mir, HERR, deine Wege, lehre mich deine Pfade!“ (Psalm 25,4), so ist immer auch mitzubeten: Lass mich auf *meinem* Weg weitergehen, auf dem Weg, der mir entspricht und auf dem ich mich tatsächlich befinde!

„So gehe ich *meinen* Weg vor Gott, im Licht des Lebens“, heißt es in Psalm 56,14. Und in einem anderen Psalm: „Ich will laufen den Weg deiner Gebote, denn mein Herz machst du weit“ (Psalm 119,32).

Auf unserem Weg gehen, vor Gott, und unser Herz weiten lassen ... Das Ziel des Weges ist das Reich Gottes, in dem dieses oft störrische und geteilte Herz endlich mit sich selbst eins wird, verbunden mit allem, was lebt, und mit Gott, der Quelle des Lebens. „Singe und schreite voran“, sagte Augustinus. Beten beinhaltet, weiterzugehen. Auf dem Weg bleiben wir, wenn wir beten.

Für den Psalmisten waren die Straßen Palästinas zugleich die Straßen des Himmels. Unser Weg zu Gott verläuft genau da, wo wir sind und leben.

Anspruchsvolle und ermutigende Worte

Keine Frage: Es gibt in der christlichen wie in anderen Traditionen „erbaulichere", „spirituellere" Gebete als die Psalmen, die oft so irdisch-materiell geprägt sind, in denen Feinde verflucht werden und anderes mehr. Nun, auch in den Psalmen fehlt es nicht an Unbeschwertheit und „erhabenen Gedanken". Doch dies ist gar nicht entscheidend. Denn nicht schöne Gedanken oder wohlgesetzte Worte zählen, sondern: dass ein Gebet trägt. Auch in harten Zeiten. Und dies tun die Psalmen allemal. Es ist kein Zufall, dass die ersten Christen auch mit ihrer Hilfe den Weg Jesu gedeutet haben. Die Psalmen helfen uns, zum Kern durchzustoßen. Für Christen heißt das: zu Jesus, dem Christus, *dem* Gerechten, der verlassen und getötet wurde, der alle Menschen gestern und heute zu erreichen vermag, selbst in den dunkelsten, den schwierigsten, den entscheidenden Momenten ihres Lebens.

Der Gott, von dem die Psalmen sprechen, ist nicht nur besser, er ist vor allem ganz anders als wir. Das zeigt sich umso deutlicher, wenn er unsere Wege mitgeht.

„Wie auf Adlerflügeln" holt er uns heraus aus Bedrängnis und Mittelmäßigkeit und führt uns hin zu sich (Exodus 19,4). Er holt uns aus dem Staub der Straße, verleiht uns Flügel und zeigt uns ganz neue Horizonte. Er gibt auf uns Acht und hütet uns „wie seinen Augenstern, wie ein Adler ... über seinen Jungen schwebt, seine Schwingen ausbreitet, eines von ihnen aufnimmt und es auf seinem Gefieder trägt" (Deuteronomium 32,10f). Wer beispielsweise als „Hirte" die Aufgabe hat, für andere da zu sein, wer vom Mit-Leid gedrängt an der Seite der Leidenden steht und selbst leidet, kann spüren, wie diese „Flügel" ihn tragen und weiterführen.

Ohne Gottes „Flügel" wären wir gefangen im Mittelmaß, in unseren kleinen, manches Mal nichtigen Wünschen, die uns den Blick auf die Geschichte verstellen und uns davon abhalten, die Welt zum Besseren zu verändern.

Wir dürfen selbst arm sein. Jesus sagt zu den Seinen: „Nehmt keinen Geldbeutel mit, keine Vorratstasche und keine Schuhe" (Lukas 10,4). Ein Stock als Stütze und schlichte Sandalen genügen, um weiterzugehen. Betende brauchen nicht viel, sie haben „Adlerflügel", genauer: Gott trägt sie, Jesus ist mit ihnen unterwegs: „Und siehe, ich bin mit euch alle Tage bis zum Ende der Welt" (Matthäus 28,20).

Der Sinn des Lebens liegt im „Dasein-für": Wir sind dafür gemacht, Brücken zu bauen, anderen Gehör zu schenken und Raum zu geben, einen Platz, wo sie landen und neu durchstarten können. Wir sind gerufen, mit ihnen zu leiden und für sie Sorge zu tragen, ihnen das Wort zu sagen, das ihnen weiterhilft, ein Wort, das nicht aus uns selber kommt ...

Von Jesus heißt es, dass er umherzog und Gutes tat (vgl. Apostelgeschichte 10,38); er ging in die Städte und Dörfer und heilte die Kranken, nahm sich der Armen an, war da für die Menschen in Not. Jesus ist der Mensch, der nicht um sich kreist, sondern Leben heil machen will. In ihm kann jeder von uns seinen eigentlichen Lebenssinn finden: für Gott zu leben, um Sorge zu tragen für das Leben, um es „heil" zu machen. Mit Christus werden wir selbst zum Kreuzungspunkt des Endlichen und des Unendlichen, Menschen mit Staub an den Füßen und Adlerflügeln, Frauen und Männer, die nicht sich selber gehören, Frauen und Männer mit ausgebreiteten Flügeln und der Fähigkeit, Leid mitzutragen: frohe Arbeiter in den Weinbergen Gottes.

Lobpreis

Neben den Klagepsalmen bilden die Lobpsalmen oder Hymnen die zweite Hauptgattung des Psalters. Zu Lob und Dank gehört, dass man aus sich selbst herausgeht und sich dem zuwendet, der einen beschenkt hat bzw. zum Geschenk geworden ist. Schon von daher versteht sich, dass der Lobpreis ein Herzstück des Betens ist: Beten ist immer auch ein „Aus-sich-selbst-Herausgehen".

Das Gegenteil von Lob und Dank ist der Neid: Man ist zerknirscht oder traurig, weil ein anderer etwas hat, das einem selbst abgeht, ob es sich nun um Talente und Fähigkeiten oder irgendwelche Dinge handelt. Wer hingegen frei ist zu loben, der kann sich mit den anderen mitfreuen.

Von David heißt es: Er „tanzte mit ganzer Hingabe vor dem Herrn her und trug dabei das leinene Efod [einen Schurz]. So brachten David und das ganze Haus Israel die

Lade des HERRN unter Jubelschall und unter dem Klang des Widderhorns hinauf" (2 Samuel 6,14f). Michal aber, seine Frau, die Tochter Sauls, verachtete ihn, weil er so vor dem „Gesindel", als das sie die Leute betrachtete, getanzt hatte. Zur Strafe, so heißt es, bekam Michal keine Kinder. Wo für das Lob kein Platz ist, da wird eine Gemeinschaft unfruchtbar.

Jesus hat es verstanden zu loben und Lob zu spenden. Über den römischen Hauptmann, der sich vertrauensvoll an ihn gewandt hatte, sagte er: „Wahrlich, ich sage euch: Solchen Glauben habe ich in Israel bei keinem gefunden!" (Matthäus 8,10). Er lobt den Zachäus (vgl. Lukas 19,9), den dankbaren Fremden (vgl. Lukas 17,18), die kanaanäische Frau (vgl. Lukas 8,48), die Frau mit dem kostbaren Öl (vgl. Markus 14,9).

Loben wir Gott im Gebet und tragen wir es hinein in die Gemeinde, unter die Menschen.

Leicht ist es nicht, zu loben. Aber es baut auf, es bringt Freude hervor, es weckt in der Gemeinschaft die Freude über die Gaben anderer. Eine Gruppe oder Gemeinschaft, in der es kein Lob gibt, verkümmert und hat keine Zukunft, sie wird zugrunde gehen. Missgunst und Neid zerstören, Lob baut auf.

* * *

Das Lobgebet ist Ausdruck der Freude am Leben. Es braucht oft gar keine großen Worte: Manchmal besteht es einfach in der stillen, dankbaren Freude über ein schönes

Erlebnis, über den wiedergefundenen Frieden, über eine Sache, die das Herz höher schlagen lässt, über eine ganz besondere Begegnung mit einem anderen Menschen. In solchen Momenten spüren wir, wie das Leben in uns pulsiert, und es kann ein spontaner Lobpreis auf den Schöpfer über die Lippen kommen. Man möchte sich, poetisch gesprochen, spontan vereinen mit dem Mandelbaum, der im Frühling mit seiner Blütenpracht den Schöpfer preist; man möchte einstimmen ins Hohelied der Liebe, das die liebende Vereinigung von Braut und Bräutigam wie eine „Liturgie des Leibes“ feiert ... Aus der dankbaren, stillen Freude am Leben, die frei ist von Neid und Narzissmus, die Menschen und Dinge achtet, kann ein ganz persönliches „Magnifikat“ erwachsen: *unser* Loblied auf den, „der alles gut gemacht hat“ (vgl. Markus 7,37).

Nehmen wir einmal bewusst und dankbar all das in den Blick, was uns Freude schenkt, was uns an Schönem und Gutem geschenkt wurde und wird. Dann wird unser Beten frei von allem Formelhaften: Das eigene Leben beginnt zum Gebet zu werden, wir beten „mit unserer persönlichen Geschichte“.

Vielleicht sind wir zu sehr gewohnt, bloß das Schwere vor Gott zu tragen. Lernen wir, auch das Schöne vor ihn zu bringen, anders gesagt: auch das Genießen und die Freude Gebet werden zu lassen!

Kleine Grammatik des Betens

Ein Beten, wie es uns in den Psalmen begegnet, folgt einigen Regeln und beinhaltet charakteristische, wiederkehrende Elemente.

Eine erste Regel: Am Anfang und am Ende jedes Gebets stehe das Lob. Eine zweite: Es muss Raum sein für Lob *und* Bitte; diese würden genügen, um das Gebet insgesamt zu beschreiben. Bestünde unser Beten allein aus Bitten und Klagen, würde Entscheidendes fehlen; wäre es nur Lob, so blieben wichtige Teile unseres Lebens außen vor. Schönes *und* Schweres gehören zum Leben, Geglücktes *und* Dramatisches. Lob *und* Klage prägen die Psalmen, diese exemplarischen Gebete, weil in ihnen wie gesagt das ganze Leben Raum hat.

In vielen Psalmen lassen sich vier Elemente unterscheiden: 1. die Nennung des Gottesnamens, die Anrede des HERRN; 2. ein lobendes Bekenntnis (z. B. „du meine Zuflucht“); 3. die Beschreibung der (Lebens-)Situation, z. B. Verfolgtsein, Bedrängtsein; 4. die Bitte um Hilfe, um Errettung und Befreiung. So heißt es etwa in Psalm 7,2:

> „HERR, mein Gott, ich flüchte mich zu dir;
> hilf mir vor allen Verfolgern und rette mich.“

Der Betende beginnt (1) mit der direkten Anrede Gottes, von dem er Hilfe erfleht. Sobald uns der Name Gottes über die Lippen kommt, stehen wir an der Schwelle zum Gebet.

Manchmal folgt dann (2) eine Art Lobes-Litanei, etwa in Psalm 18,3: „Herr, du mein Fels und meine Burg und mein Retter; mein Gott, mein Fels, bei dem ich mich berge, mein Schild und Horn meines Heils, meine Zuflucht …“ Es ist wie im Hohelied, wo der Liebende die Geliebte mit vielen Namen preist: meine Geliebte, meine Schöne, meine Taube, meine Schwester, meine Freundin … (vgl. Hohelied 2,13ff). Gott, dem Namenlosen, gebühren alle Namen, alle Titel und Auszeichnungen. Er ist unsere Sonne, er ist Feuer, Wasser, Hauch, Tau, Wolke, Fels und Stütze für alles, was ist. Gott ist das große Geheimnis, eine Quelle von immer neuem Licht …

In dem zitierten Psalmvers wird der Herr als „*mein* Gott“ angesprochen. „Mein“! Dieses Wort ist eminent wichtig: Es verweist auf ein großes Mysterium, groß wie der heilige Gottesname selbst; denn es spricht von Liebe, vom Bund: „Ich bin *euer* Gott und ihr seid *mein* Volk“ (Levitikus 26,12). Der Betende spricht JHWH nicht einfach an als „den, der ist“, sondern als „den, der für mich (da) ist“, als den Gott-für-uns. „Ist Gott für uns, wer ist dann gegen uns?“ (Römer 8,31). Den uns zugewandten Gott rufen wir an: „Mein Gott …“; „Unser Vater …“ Der Betende bekundet zuerst diese liebende Zugehörigkeit; er ist selber mit drinnen und bekennt den Glauben, dass Gott „für mich“, „für uns“ ist. Die Theologie spricht *von* Gott und schreibt JHWH; der Betende spricht ihn an und sagt: „Mein Herr!“

Die Lebenssituation (3) ist der Hintergrund von Lob und Bitte, die zusammengehören. Eine Passage aus dem

Hohelied ist dafür ein anschauliches Beispiel: „Horch, mein Geliebter klopft: Öffne mir, meine Schwester, meine Freundin, meine Taube, meine Makellose, denn mein Haupt ist voll Tau, aus meinen Locken tropft die Nacht!" (Hohelied 5,2). Ein wunderbares Bild für das Gebet! Zwei Personen, die eine vor, die andere hinter der Tür. Die eine sagt: Mach mir doch auf, ich bin ganz nass! – Das kann nicht jeder sagen, schon gar nicht zu jedem. Es ist die Bitte des Geliebten, es ist ein Ruf der Liebe. Der Hinweis auf den nassen Kopf ist mehr Vorwand als Grund, um Einlass zu bitten. In der Liebe ist *alles* Liebe, auch das Spiel, auch das Bitten, das Ringen und Kämpfen, selbst die List. Wie der durchnässte Geliebte aus dem Hohelied „seine Taube" um Einlass bittet, so soll der Beter vor Gott treten: Zum guten Beten, auch zum Ringen mit „unserem Gott" gehört das „Lob der Liebe" dazu. Und die Liebe bewirkt eine gewisse Loslösung von den eigenen Bedürfnissen und vom eigenen Ich. Das Du zählt mehr: Du meine Zuflucht und mein Schutz, du meine Taube, meine Liebe! (vgl. Psalm 32,7; Hohelied 2,14).

Sodann folgt (4) die Bitte. Eine Bitte, die um die bereits gewährten Dinge weiß; oft werden vergangene Liebeserweise Gottes genannt. Würden wir immer nur Neues erbitten, glichen wir Kindern, die etwas bekommen, es wegwerfen und gleich wieder etwas haben wollen. Ohne die Erinnerung werden Bitten hohl. Vergessen wir, wenn wir bitten, also nicht das, was uns bereits geschenkt worden ist; vieles ist uns oft gar nicht bewusst: Freunde, ein Herz, das brennen kann ..., und in jedem Fall: das Leben! Lernen wir, es wertzuschätzen und dankbar zu sein, dass wir überhaupt existieren. Vor der Bitte sollte also das Lob kommen, das Lob aber braucht das Wissen um und den Geschmack am Schönen und Guten. Der erste Rohstoff allen Betens ist das neue Gewahrwerden, dass die Welt kostbar und gut ist, dass das Leben ein Geschenk, ein Geheimnis und eine Brücke zum Schöpfer ist, der „alles ansah, was er gemacht hatte: Und siehe, es war sehr gut“ (Genesis 1,31).

* * *

In den Psalmen ruft der Beter oft andere zum Lobpreis hinzu, einen dritten, viele, ja die ganze Welt: „Preist mit mir die Größe des HERRN“ (Psalm 34,4). Er spricht zu ihnen von Gott, will ihnen den HERRN nahebringen und sie motivieren, gemeinsam mit ihm den guten Gott zu preisen. Dies kann mehr Wirkung entfalten als Bekenntnisse, die meist schnell verhallen. Ein Loblied hingegen klingt nach, weckt Emotionen und Freude, ruft Erfahrungen wach, lässt Davids Tanz und den Schall der Hörner lebendig werden, es ruft „die Bewohner Jerusalems“ herbei: Kommt, seht, stimmt ein!

Die Psalmen sind selten eine rein persönliche Angelegenheit zwischen dem Einzelnen und Gott. Andere Menschen sind so gut wie immer mit dabei, im Lob wie in der Klage und Bitte. Wer betet, scheint eine Position von strategischer Bedeutung für die Welt innezuhaben; es sieht so aus, als hinge von seinem Erfolg oder Misserfolg alles ab.

Die Psalmen weisen uns sehr deutlich darauf hin, dass das Los des Einzelnen nie losgelöst ist von dem der Welt.

Vor diesem Hintergrund wird die Tragweite des Gebets deutlich: Es geht darum, dass Gott, der die Welt neu machen möchte, zum Zug kommt.

So wird im Beten das Herz des Beters geweitet: Es geht um ein neues Antlitz der Erde, um die neue Schöpfung.

Ein neues Lied

In den Psalmen hat das Künftige, das noch Ausstehende eine magnetische Kraft: Es richtet die Gegenwart aus. Anders gesagt, die Zukunft hat Modellcharakter, die Psalmen sind auch Prophetie.

Wie sehr die Psalmen den Blick nach vorne richten, zeigt sich in einer Formulierung, die wir leicht überlesen können: in der Rede von einem „neuen Lied“:

„Singt ihm ein neues Lied“ (Psalm 33,3);

„Er gab mir ein neues Lied in den Mund“ (Psalm 40,4);

„Streck deine Hände herab aus der Höhe, befreie und rette mich ... Gott, ein neues Lied will ich dir singen“ (Psalm 144,7–9).

Wer dem Abgrund entronnen ist, der wiederholt keine alten Floskeln, der „singt nicht das alte Lied“. Ihm wurde das Leben neu geschenkt, er fühlt sich wie neu geboren, eine neue Zukunft tut sich vor ihm auf, und wie von selbst stimmt er ein neues Lied an: sein ganz persönliches Lob- und Danklied.

Gott, der Neues schafft, eine neue Erde und einen neuen Himmel, ist unsere große Hoffnung. Unser Gott ist einer, der immer und in alle Ewigkeit Neues hervorbringt. Diesem Gott gilt unser Lobpreis. Jede Wiederholung von bereits Gewesenem würde sich abnützen; wenn Gott, der Ewige, die „immer neue Neuheit" ist, dann kann es in ihm und bei ihm keine Gewohnheit geben.

Es liegt ein besonderer Zauber auf dem „ersten Mal": wenn man zum ersten Mal einen wirklichen Freund gefunden hat oder zum ersten Mal geliebt hat ... Das erste Mal ist und bleibt etwas ganz Besonderes. Später gewöhnt man sich. Die Ewigkeit ist das Wunder des je neuen ersten Males. Ewigkeit heißt: sich nie gewöhnen. Die Wiederholung könnte Gott, den ewig Neuen, verbergen.

Und wenn uns ein Leid oder sonst etwas den Zugang zu den „alten Liedern" verstellt, wenn wir Gottes Spuren nicht mehr sehen können, dann heißt es im Dunkel der Nacht weitergehen. Und wenn sich dann doch am Horizont der Anbruch eines neuen Tages abzeichnet, dann werden wir ein neues Lied in unserem Herzen finden und *unser* neues Loblied anstimmen.

Schreiben wir so unseren ganz persönlichen Psalter! Geben wir Gott einen neuen Namen, den Namen unserer Liebe, schreiben wir unser Magnifikat, ein neues Lied auf ihn, der auch heute, auch an uns wirkt. Suchen auch wir wie die mittelalterlichen Troubadoure und die italienischen *Laudesi* neue Worte und neue Melodien, um mit aller Freiheit und Fantasie unserem Lob Ausdruck zu verleihen.

Wer Gott zu loben vermag, wird zum Apostel: Lob ist ein Akt des Glaubens und hat, wie schon gesagt, missionarische Kraft. Es lenkt den Blick auf das Antlitz eines jungen, immer neuen Gottes, der nicht aufhört, Neues zu schaffen, und der auch die Wüste unserer Einsamkeit immer wieder zum Blühen bringen kann.

Die Bibel, dieses einzigartige Buch aus vielen Büchern mit vielen Versen und tausend Bildern, in dem von Sternen und Ölbäumen gesprochen wird, von Vögeln und Fischen, spricht immer wieder auch vom Wehen des Windes: von der kühlenden Abendluft, von der Luft im zarten Morgenrot, von Stürmen und dunklen Wolken, vom Wind im Garten Eden, vom Wind vom Horeb, vom Windhauch an Ostern … Es ist eine bewegte Welt voller Leben, die uns da entgegentritt, nicht zuletzt in den Psalmen.

Wie frischer Wind sind die Psalmen:
Wind, der das Feuer entfacht,
Wind, der ferne Stimmen und Schreien zu uns trägt
und fruchtbare Samen aus der Höhe,
Wind, der uns Aufschwung verleiht
und Sehnsucht weckt
nach einem Leben
an der Nahtstelle von Himmel und Erde.

Beten heißt Unterwegssein

Beten, aber wann? – Wenn sich der Lauf des Lebens verlangsamt, wenn vitale Beziehungen schwinden, wenn wir andere vermissen und uns einsam fühlen, wenn wir spüren, dass wir unterwegs sind zu dem, der „der Einzige“ genannt wird …

Wenn, wie die Troubadoure sangen, das „Ende der Liebe“ gekommen ist, wenn unsere Liebe fern ist, wenn wir uns wie im Exil fühlen und wie die Geliebte im Hohelied unsere entschwundene Liebe suchen …

Wenn der Blick in den wolkenlosen Himmel geht, wenn man sich auf die Wiese legen möchte, um dieses herrliche weite Blau in vollen Zügen in sich aufzunehmen …

Wenn man einen prachtvollen Herbstbaum in leuchtendem Rot geradezu umarmen und den Himmel preisen möchte für diese Schönheit …

Viele Momente laden zum Beten ein. Wenn man so will: Jeder Moment unseres Lebensweges …

* * *

Für mich ist Beten ein wenig wie Fernweh: Sehnsucht, die zum Aufbruch drängt. Beten ist wie eine Reise, ein Weg. Das altgriechische Wort für „bitten", „anflehen" heißt auch „als Schutzbefohlener (an)kommen": Beter sind Menschen auf dem Weg, unterwegs zu dem Ort, wo sie sicher sind, wo sie zu Hause sind.

Als Beter unterwegs sein, das wurde und wird manchmal ganz wörtlich verstanden: Pilgerwege haben seit dem Mittelalter in Europa Tradition, besonders die drei Wege nach Santiago de Compostela ganz im Westen, wo das Land am Ozean endet („*Finis terrae*"); ins Heilige Land, nach Osten, wo die Sonne aufgeht, zu den Ursprüngen; nach Rom, ins Zentrum, in die „ewige Stadt", Symbol des Augenblicks, der bleibt.

* * *

„Die vom (neuen) Weg", das war der erste Name, den man den Christen gab (vgl. Apostelgeschichte 9,2): Christen sind Menschen auf dem Weg, Menschen, die Wege zueinander und zu allen suchen und – gemeinsam – Wege zu Gott, zum Gott der nie beendeten Wege.

Auch in der alten Definition des Gebets als „Erhebung der Seele zu Gott" kommt die dynamische Dimension zum Ausdruck: Beten hat Wegcharakter, der Weg ist eine Metapher, ein Bild fürs Beten.

In einer anderen klassischen Definition wird Beten als „Eintauchen in die Liebe Gottes" gefasst: wiederum das Bild einer *Bewegung in … hinein*.

Oder, mit einer großartigen Formulierung des italienischen Dichters Giacomo Leopardi (1798–1838): Beten heißt „Schiffbruch erleiden im Unendlichen“.

* * *

Beten ist Bewegung. Der Ausgangspunkt ist nicht die gefundene Antwort, sondern das Suchen: die Suche nach dem Ort, wo wir zu Hause sind.

Warten wir nicht auf bessere Zeiten,
um mit dem Beten zu beginnen!

Wenn es uns gut geht, kommen uns die gewohnten Worte über die Lippen und gewöhnliche Gedanken in den Sinn, wohlgesetzte Worte vielleicht und kluge Gedanken. Die tiefsten und bewegendsten Worte und Lieder aber sind Frucht herausfordernder Zeiten, sie erwachsen aus Liebe und Schmerz. Es ist kein Zufall, dass sich in der Bibel so viele Gebete finden: Sie ist ein Buch voller Herzblut – das richtige Erdreich fürs Beten. Die tiefe Symbolik, die mit dem Blut verbunden ist, wurde schon angesprochen: Blut als „Lebenskraft“ (Deuteronomium 12,23); die Bedeutung des „Blutes Christi“, das heißt seiner Hingabe für uns; ganz am Anfang das Blut Abels, das zum Himmel schreiende, eindringlichste Gebet (vgl. Genesis 4,10), das den Himmel durchbricht und durch alles „hindurchtönt“, Symbol der Person (*per-sona*) im ursprünglichen Wortsinn: durchdrungen, durchtönt sein von einer Stimme.

So sind wir unterwegs zu einer anderen Welt, in der Gott „alle Tränen abwischen“ wird: „Der Tod wird nicht mehr sein, keine Trauer, keine Klage, keine Mühsal. Denn was früher war, ist vergangen“ (Offenbarung 21,4).

Beten ist Bewegung, Aufbruch – von dem Punkt, an dem wir gerade stehen. Auch, ja gerade wenn es ein schwieriger Moment ist, wenn „der Schrei Abels“ in uns widerhallt. Im Beten wird die Sehnsucht, die Hoffnung auf Gottes Zukunft neu belebt, und zugleich werden wir hellhöriger für das Leid anderer und den Ruf nach Liebe.

Im Beten richten wir uns neu aus auf das Leben, das am Anfang steht und auf das unsere Sehnsucht zielt.

Beten hilft uns, uns mit neuer Aufmerksamkeit und Energie auf den Weg zu machen.

Vom Wie und vom Was

Unterwegs sein und dabei in Gott, in Christus bleiben, so könnten wir umschreiben, was *Beten* meint. Dazu steht nun im 1. Johannesbrief ein wichtiger Satz: „Wer sagt, dass er in ihm bleibt, muss auch einen Lebenswandel führen, wie er ihn geführt hat“ (1 Johannes 2,6). Leben wie Jesus: die vorziehen, denen seine Vorliebe galt; Menschen froh und glücklich machen wie er; Echo seiner Botschaft sein und seine Gedanken widerspiegeln ... Das Geheimnis des Christentums liegt in diesem winzigen Wörtchen „wie“, das sich durch die Evangelien durchzieht:

„Seid also vollkommen, *wie* euer himmlischer Vater vollkommen ist!“ (Matthäus 5,48);

„Seid barmherzig, *wie* auch euer Vater barmherzig ist!“ (Lukas 6,36);

„Dein Wille geschehe, *wie* im Himmel, so auf der Erde“ (Matthäus 6,10);

„Ich habe euch ein Beispiel gegeben, damit auch ihr so handelt, *wie* ich an euch gehandelt habe“ (Johannes 13,15);

„Das ist mein Gebot, dass ihr einander liebt, so *wie* ich euch geliebt habe“ (Johannes 15,12).

Wie Christus, wie im Himmel, wie der Vater. Dieses Wie entfacht das Feuer und führt uns zum innersten Kern. Beten heißt, dieses Feuer in allem wiederfinden. Es lässt uns mit seinen Augen sehen, mit seiner Liebe handeln. Es öffnet unseren kleinen Horizont und bricht die Mauern auf, damit etwas von seinem Licht auf diese Welt fällt.

Das Wie bestimmt das Leben: welchen Lebensstil ich pflege, mit welcher Leidenschaft ich lebe, mit welcher Tiefe, mit welcher Freude, mit wie viel Himmel!

Das Leben liegt nicht in dem, was wir tun, sondern in dem, wie wir es tun. Und daran hängt auch unser Beten: Wahr und echt ist es, wenn wir „in ihm bleiben“ und am Himmel Maß nehmen fürs Leben auf Erden: „Wer sagt, dass er in ihm bleibt, muss auch einen Lebenswandel führen, wie er ihn geführt hat.“

Das Wie ist wichtiger als das Was. Es kommt nicht darauf an, wie viel wir arbeiten und leisten, sondern wie wir es tun. Es zählt nicht, welchen Beruf wir ausüben, auch nicht die jeweilige Berufung: ob jemand Lehrer/in ist oder Koch bzw. Köchin, ob er als Ordenschrist in einem Kloster lebt oder Angestellter in einem Büro ist. Was wir tun oder machen, ist nicht entscheidend, sondern das Wie.

* * *

Wenn du keine Kiefer auf dem Hügel sein kannst,
sei ein Busch im Tal,
aber sei der schönste kleine Strauch
am Ufer des Bachs.
Wenn du kein Strauch sein kannst,
sei ein Büschel Gras ...
Wenn du keine Straße sein kannst,
sei nur ein Pfad.
Wenn du keine strahlende Sonne sein kannst,
sei ein funkelnder Stern.
Doch sei das Beste von dem,
was du sein kannst.
(Martin Luther King, nach Douglas Malloch)

Versuchen wir zu entdecken, was zu werden wir gerufen sind, und machen wir uns dann entschlossen daran, es in unserem Leben zu verwirklichen. Nicht alle können eine strahlende Sonne, ein großer Baum oder eine breite Straße sein. Kostbar und schön sind auch die Sträucher und kleinen Grasbüschel, die Pfade und die Sterne in der Nacht.

Wichtig ist, mit Würde und Leidenschaft die eigene Aufgabe zu erfüllen: den Plan, den Gott in uns „eingeschrieben“ hat. Mit dem Blick auf das „Wie“: Daran hängt alles, unser Tun, unsere Ziele und Ideale.

Und das Beten sagt uns, dass unser Maßstab nicht die anderen sind, nicht ihre Zustimmung, nicht der gute Ruf und die Anerkennung, nicht irgendwelche Regeln. Unser Maßstab ist Jesus von Nazaret. In ihm finden wir unsere Freiheit, ein unerschöpfliches Reservoir an Freiheit, vom dem wir uns niemals abwenden sollten.

Beten heißt Maß nehmen an Gott.

Ringen wir mit ihm wie Jakob mit dem Engel (vgl. Genesis 32,25–30)! In ihrem nächtlichen Kampf wissen diese beiden schließlich nicht mehr, ob sie kämpfen oder sich lieben, ob es Krieg ist oder Liebe. Am Ende erbittet Jakob von seinem Gegner den Segen.

Die Engstelle der Sanduhr

Der bedeutende evangelische Theologe Oscar Cullmann (1902–1999) verglich die Heilsgeschichte einmal mit einem großen „X“. Die oberen „Arme“ stehen für die Universalität des Anfangs, symbolisiert in Adam und Noach; dann kommt es zu einer Engführung auf das Volk Israel mit den zwölf Stämmen, von denen nach dem Exil noch zwei übrig bleiben: ein kleiner Rest, dann einige messianische Bewegungen; und Jesus mit seinen Zwölfen und anderen, darunter viele Frauen. Im Ölgarten sind sie zu viert, am Kreuz ist Jesus allein. Es ist der Punkt, in dem alles zusammenfließt, die Mitte des „X“; anders gesagt: die Engstelle der Sanduhr namens Geschichte.

Es ist die zentrale Stelle, auf ein Minimum reduziert, und doch der Beginn eines neuen Universalismus: mit den Frauen am Ostermorgen, den Emmausjüngern, den Erscheinungen des Auferstandenen, der Herabkunft des Heiligen Geistes am Pfingsttag, an dem sich Menschen aller Sprachen vereint sehen, die Sendung, *allen* Völkern die Frohe Botschaft zu bringen: „Geht hinaus in die ganze Welt und verkündet das Evangelium der ganzen Schöpfung!“ (Markus 16,15). Das „X“ weitet sich wieder auf alle, auf die ganze Welt, auf die Menschen aller Zeiten.

Ähnlich verhält es sich mit dem Gebet. In der Stimme eines Beters konkretisiert und verdichtet sich das Flehen zahlloser Menschen aller Jahrhunderte; und sein Gebet entlässt den Beter mit einem Auftrag für die Welt, für alle Nachfahren Adams, denen er begegnet.

Im Beten begeben wir uns an den zentralen Punkt; da kommen wir zur Mitte, zur Engstelle jener Sanduhr namens Geschichte: zu Jesus, dem Christus.

Im Beten tragen wir alles vor ihn; es ist das Terrain, auf dem daraus Neues erwachsen kann ... Jedes Gebet ist ein Punkt in der Heilsgeschichte, in dem genau das geschieht, was der Bibel zufolge das Heil charakterisiert:

– eine Befreiung: die Befreiung von allem, was uns hindert, erhobenen Hauptes unseren Weg zu gehen, die Befreiung von allen „Pharaonen“;

– eine Aktualisierung des Bundes: Wir treten ein in die Gemeinschaft mit dem Gott des Bundes, der Gemeinschaft haben will mit allem, was lebt.

Im Beten werden wir zu einem Sakrament des Heils, freie Menschen, Menschen „in Gemeinschaft“, Menschen des Bundes.

Beten ist ein Moment der Heilsgeschichte.
Die ganze Welt fließt ein
in die Worte des Beters,
der sie im Herzen vor Gott trägt.
Es ist der Punkt,
der Licht wirft auf die Geschichte,
der sie Stück für Stück verändert,
der Freiheit schenkt,
eine neue Weite und Offenheit.

Auf der Spur der Wörter

Etymologisches

Ein weiterer Zugang zum Beten mit nochmals anderen Facetten tut sich auf, wenn wir den Wurzeln einiger Wörter nachspüren.

Beginnen wir mit dem lateinischen Wort *preces* (Gebet, Bitten). Darin steckt die altiranische Wurzel *prek*; gemeint ist das Bemühen, mit verbalen Mitteln etwas zu bekommen. Eine *prex* bzw. *preces* (so der Plural) werden an eine höhere Instanz, an eine Autorität gerichtet mit dem Ziel, etwas Erwünschtes zu erhalten. Aber was ist dieses Gewünschte? Ein verwandtes lateinisches Wort ist da ein Fingerzeig: *procus*. Das ist derjenige, der einen anderen um die Hand seiner Tochter bittet; er bittet darum, „genehm zu sein" als Schwiegersohn und Bräutigam der Tochter.

Im Beten steckt, so seltsam es zunächst klingen mag, auch diese Bitte um „Gefallen". Denken wir nur an die Stelle im Hochgebet in der Eucharistiefeier: „Nimm diese heiligen, makellosen Opfergaben [*placatus* = huldvoll, mit Wohlgefallen, heißt es im alten Missale] an" oder: „Schau gütig auf die Gabe deiner Kirche ..." Die Kirche bittet den Herrn, er möge sie mit Liebe anschauen: Die Bitte des *procus* um das Wohlgefallen des Vaters scheint hier durch, jene Bitte, die im Grunde auf die Vereinigung mit der Braut hinzielt. Dem *procus* wie dem Betenden geht es um die liebende Gemeinschaft, da mit der Braut, hier mit dem liebenden und geliebten Gott.

Gebet ist unter diesem Blickwinkel:

- eine Bitte,
- die mündlich vorgetragen wird,
- die an den *pater familias* (den Hausherrn), hier: an Gott, den HERRN, gerichtet wird
- mit dem Ziel, etwas zu erhalten:
- „Gunst", im Letzten: die liebende Vereinigung.

Die Verwandtschaft des Betens mit der Bitte des um die Hand der Tochter Anhaltenden verwundert nicht. Beten ist ja im Grunde wie die Bitte der Liebenden aus dem Hohelied, die Hoffnung, Gefallen zu finden, die Bitte um Liebe. Ein unübertroffenes Beispiel dafür ist die Formel, mit der sich die armenischen Mönche Gott weihen:

„Ich will eins sein mit dir."

Liebe ist leidenschaftliche Sehnsucht, eins zu werden.

Ein weiteres lateinisches Wort fürs Gebet ist *supplicium,* die flehentliche, auch: die demütige Bitte. Ein *supplex* ist ein Schutzflehender oder Schützling. Die Endung *-plex* verweist auf etwas Gebogenes oder Geflochtenes:

- *Simplex* heißt einfach, nur einmal gebogen;
- *duplex*: zweifach, zweimal gebogen;
- *complex*: zusammengefaltet, -geflochten, verwickelt;
- *plectare* heißt zusammenbinden, etwas so biegen, dass es ineinanderkommt, (ver)flechten;
- *amplecti*: umfassen, umarmen, umschließen;
- *implecti*: verflochten sein, einbezogen sein.

Analog beschreibt *supplex* die Position des Bittenden als die eines Menschen, der sich unter (*sub*) jemanden beugt, der sich zu jemandes Füßen herabbeugt, um so in Beziehung zu kommen. Ähnlich verhält es sich mit dem griechischen Wort für den Bittenden, *hikétes*: Dieses ist abgeleitet von *híko* (= ich komme, ich komme an, auch: ich strecke die Hand nach etwas aus). Im Krieg etwa war es üblich, wie wir durch Homer wissen, dass ein vom Feind Bedrängter, der um Schonung bitten wollte, die Knie des anderen umfassen musste, um dem Tod zu entrinnen.

Mit *Beten, Bitten, Anflehen* ist also von den Wortwurzeln her ein Sich-Niederbeugen und zugleich Umfassen gemeint. Es beinhaltet ein Getrenntsein und eine Verbundenheit, die Suche nach Kontakt. Alle Erfahrung des Heiligen ist ja zunächst eine Erfahrung der Distanz: das Erleben, dass Gott ganz anders und fern ist bzw. dass *wir* weit weg sind von ihm. *Religion* ist wie gesagt schon von der Wortbedeutung her das Bemühen um eine neue Bindung, der Versuch, sich wieder an Gott zu binden und die Distanz, den Bruch zu überwinden.

Die Heilsgeschichte ist, wie die Erzählung vom Sündenfall zeigt, von Anfang an durchzogen von Brüchen, die nach Heilung rufen.

Wir kennen das aus dem zwischenmenschlichen Bereich: Kulturelle, familiäre oder charakterliche Unterschiede schaffen eine Distanz, die es zu überwinden gilt; wir suchen nach Wegen zueinander, wenn eine Beziehung gestört ist.

Beten ist oftmals wie eine neue Hinwendung zu Gott, die Suche nach der verlorenen Nähe. In der religiösen Sprache finden wir häufig das Motiv der Erneuerung, der Rückkehr bzw. Wiederherstellung, im Lateinischen sichtbar in der Vorsilbe *re-...*: Erlösung (*redemptio*), Wiederversöhnung (*reconciliatio*), (Wieder-)Auferstehung (*resurrectio*), *recapitulatio:* die neue Zusammenfassung und Ausrichtung des Alls unter Christus als dem Haupt (vgl. Epheser 1,10.22). Es ist wie ein semantischer Nachhall des Bruchs, der zu heilen, des Grabens, der zu überwinden ist.

Wie im Griechischen Bitten mit dem Gedanken des Ankommens verbunden ist, so auch das Beten: Beten heißt Heimfinden. Im Hebräischen wird einer, der sich bekehrt hat, „Meister der Rückkehr“ genannt; im Buch Jesus Sirach wird gesagt, dass der Herr denen, die umkehren, die Rückkehr gewährt (vgl. Jesus Sirach 17,24). Wer sich wieder Gott zuwendet, wird mit offenen Armen empfangen.

* * *

Die Trennung von Gott, der Bruch der Gemeinschaft mit ihm wird nach klassischer christlicher Diktion als „Sünde" bezeichnet. Das Leben, das Gott den Seinen schenken möchte, die Gnade, kann nicht mehr frei fließen. Im Gebet äußern wir die Bitte, das Gefallen Gottes zu finden und wieder mit ihm vereint zu sein (ähnlich wie der *procus*, s. o.). Unser Leben lang werden wir immer wieder umzukehren, uns neu Gott zuzuwenden haben. Aber wir können fest darauf vertrauen, dass er uns erwartet. „Bittet und es wird euch gegeben", sagt Jesus, „sucht und ihr werdet finden; klopft an und es wird euch geöffnet!" (Matthäus 7,7). Jesus sagt uns zu, dass uns am Ende unseres „Weges nach Hause" eine sich öffnende Tür erwartet, die in die Fülle des Lebens führt.

Varianten des Gebets bei Paulus

Paulus bedient sich eines ausgesprochen differenzierten Vokabulars, wenn es ums Beten geht. Im 1. Timotheusbrief schreibt er:

„Vor allem fordere ich zu Bitten und Gebeten, zu Fürbitten und Danksagung auf, und zwar für alle Menschen, für die Herrscher und für alle, die Macht ausüben, damit wir in aller Frömmigkeit und Rechtschaffenheit ungestört und ruhig leben können“ (1 Timotheus 2,1f).

Wörtlich heißt es nach dem griechischen Originaltext: „dass Flehen, Gebete, Fürbitten, Danksagungen *getan werden …*“.

Beten ist hier (1) nicht so sehr Ausdruck einer inneren, einer psychischen und/oder spirituellen Verfassung, sondern ein ganz konkretes *Tun*, eine zu verrichtende Tätigkeit.

Diese Gebetspraxis hat (2) eine universale Dimension: „für alle, die Macht ausüben“, ja „für alle Menschen“.

Und sie verfolgt (3) ein vitales Ziel: „damit wir in aller Frömmigkeit und Rechtschaffenheit ungestört und ruhig leben können“.

Die drei Elemente, die Paulus hier ins Spiel bringt, haben auch für unser Beten ihren guten Sinn:

1. Die *Betonung des konkreten Tuns.* Damit ruft Paulus uns in Erinnerung, dass Beten mehr ist als ein Gefühl. Es erschöpft sich nicht darin, dass man etwas spürt, es ist etwas, was man tut [wobei Beten, wie oben beschrieben, auch andere, existenzielle Dimensionen hat: „Leben ist Beten“; Paulus bewegt sich hier auf einer anderen Ebene]. Beten ist nicht bloß irgendwo im Labyrinth meiner subjektiven Gedanken und Empfindungen angesiedelt. Unter Beten wird hier etwas „Objektives“, Konstatierbares verstanden.

Es ist ein „kreatives“ Tun: Wie Gottes Wort erschafft (vgl. Genesis 1), so ruft das Wort des Gebets heraus und zusammen, es vereint, es lässt leben. Wie Gottes Wort schöpferisch ist, so ist es analog auch das Wort des Menschen, insbesondere in Gestalt der Poesie, jener hohen „Kunst des Wortes“, die neue Bilder hervorbringt und Dinge neu miteinander verbindet.

2. Die *umfassende, universale Dimension*, die das Beten qualifiziert. Beten schafft eine Verbindung zwischen Himmel und Erde, zwischen der Gemeinschaft der Betenden und Gott, eine Verbindung zu allen Menschen. Und es strukturiert die Beziehungen: Diejenigen, „die Macht ausüben“, werden eigens in den Blick genommen werden. Durch das Beten zieht die Liebe Kreise; es zielt auf eine Welt neuer Beziehungen, die weniger vom Wettstreit als von Gemeinschaft geprägt ist.

Diese Wirkung des Gebetes ist wichtiger als das, was ich beim Beten gerade empfinde, wichtiger als meine eventuelle Zerstreutheit oder meine momentane Befindlichkeit. In einem Gebet mit dieser universalen Dimension scheint etwas vom Reich Gottes auf, das darauf hinzielt, „alles in Christus zu vereinen“ (vgl. Epheser 1,10). Im Beten geht es somit mehr um die Heilsgeschichte als um meine Emotionen. Es spannt sich über die Abgründe der eigenen Einsamkeit und hilft darüber hinweg: Es führt uns auf den Weg der Gemeinschaft.

3. Als Stoßrichtung nennt Paulus, dass wir „in aller Frömmigkeit und Rechtschaffenheit *ungestört und ruhig leben* können“. Darin spiegelt sich das typische, stoisch geprägte

Ideal der griechischen und römischen Philosophen jener Zeit: ein Leben, das vor allen Stürmen gefeit ist, dem geschichtliche Wirren und Unbilden der Natur nichts anhaben können, das sich von dem nie ganz abzustellenden inneren Auf und Ab nicht aus der Bahn werfen lässt. Entscheidend ist: Es geht ums Leben! Immer wieder stoßen wir auf dieses Motiv. Es ist das Ziel, auf das die Schöpfung zuläuft, es ist die alles beherrschende Bitte der Psalmen: schlicht und ergreifend *zu leben*!

Das Ziel unseres Betens sieht Gott offenkundig nicht in einer Steigerung seiner eigenen Freude (das wäre ein absurder Gedanke). Ihm geht es nicht um sich selber, sondern darum, dass der Mensch lebt. Dass er ein Leben leben kann, wie er es sich nur träumen kann (und das letztlich mit Gottes Vorstellungen identisch ist).

Da es im Beten ums Leben, um *unser* Leben geht, kommt Bewegung ins Spiel: Es ist ein Austausch von Menschlichem und Göttlichem, ein gegenseitiges Schenken, wie es zur Logik des Bundes gehört, den Gott gestiftet hat, eine Gegenseitigkeit, die die tragende Struktur jeder Gemeinschaft und Gruppe ist.

Das Gebet steigt zum Himmel und kommt vom Himmel her, es ist das „goldene Verbindungsglied von Zeit und Ewigkeit“ (David Maria Turoldo), Begegnung zwischen dem Schöpfer und dem Geschöpf. *Beten ist Grenzüberschreitung in der Absicht, den Austausch von Leben zu ermöglichen.* Zwischen Gott und Mensch, von Mensch zu Mensch, zwischen Innen und Außen: Leben soll fließen!

Ja, die ganze Schöpfung gehört in dieses Spiel von Schenken und Beschenktwerden mit hinein, wie uns Franz von Assisi in seinem Sonnengesang zu verstehen gibt: die Schwester Sonne ebenso wie die Mutter Erde …

* * *

Gertrud von le Fort (1876–1971) schrieb, unsere Gebete flögen davon wie Vögel und keiner kehre mit einer Antwort zurück. Dem würde ich nicht ganz zustimmen. Denn diese Vögel namens Gebet durchstreifen unsere Einsamkeiten und schaffen Verbindungen; sie ziehen lauter Bahnen am Himmel und rücken diesen ein wenig näher an die Erde heran.

Und ist es nicht so, jetzt verlasse ich das Bild der Vögel, dass jedes Gebet bereits etwas hervorgebracht hat? Indem es ausgesprochen wird, hat es schon eine erste Antwort gegeben: Wo gebetet wird, da ereignet sich Gemeinschaft. Im Großen wie im Kleinen. Zeit und Raum sind anders gefüllt, wo Menschen beten. In der Geschichte herrschen andere Gesetze, wenn Menschen beten; das Gebet ist so etwas wie ihre verborgene legislative Instanz. Mensch und Gott sind da zusammen am Werk, und alles ist bestimmt von der Logik der Gegenseitigkeit und Gemeinschaft.

* * *

Paulus unterscheidet in seinen Briefen vier verschiedene Arten von Gebet.

– *Déesis* (= Bitte):

Das Wort ist eine Ableitung von dem Verb *déo* (= mir fehlt, ich brauche, ich bin fern von ...). In der *déesis* meldet sich unsere konkrete Not und Armut zu Wort, die sehr bedrängend sein kann. Sie ist die Stimme des kleinen Kindes, die Stimme dessen, der sich nicht selbst die Nahrung geben kann, die er braucht, und der weint, wenn er etwas braucht. „Die Gabe der Tränen" ist das erste, was dieser „Prinz" namens Mensch, der immer Kind bleibt, einsetzen kann. Das Kind setzt sie instinktiv klug ein: Sein Weinen ruft die Mutter, wenn sie nicht da ist. Es ist der Ruf nach Liebe und Leben. Und die Mutter steht auf und kommt.

Gott „wacht auf" und kommt, wenn er gerufen wird. Er achtet auf das Rufen der „Kleinen", der Einfachen; aufmerksam verfolgt und begleitet er alles, was lebt.

Die *déesis* ist wie das Schreien der Kinder, man könnte sagen: das Schreien derer, die nur Tränen sprechen lassen können. Es kommt dem Schrei Jesu am Kreuz nahe, dieser verlassenen Wiege, an der kein Vater mehr steht.

– *Proseuché* (= Flehen):

Proseuchomai bedeutet so viel wie: sich etwas wünschen und sich jemandem zuwenden, der es einem geben kann. Hinter der *déesis* steht die Bedürftigkeit, hinter der *proseuché* das Verlangen, der sehnsüchtige Wunsch.

Der Mensch ist das Wesen der Sehnsucht, „eine aus dem

Wasser geborene Kreatur, die jetzt auf der Erde wandelt und eigentlich fliegen möchte" (Nikos Kazantzakis, 1883–1957). Oder, wie andere sagen, ein Tier, das träumt und nach dem Warum fragt.

Sehnsucht ist ein Zeichen von Leben. Mütter nähren ihre Kinder mit Milch und Träumen, mit Nahrung für den physischen Hunger und für die innere Sehnsucht. Wir bleiben so lange innerlich lebendig, wie wir Wünsche haben und ein Ziel verfolgen.

Es kann nie darum gehen, Wünsche und Sehnsüchte zu unterdrücken oder auszulöschen; wir würden geistige Eunuchen. Es kann nur darum gehen, sie in eine sinnvolle, gute Richtung zu lenken, sie zu „bekehren". Doch die Energie, die in den Träumen und Wünschen liegt, muss lebendig bleiben.

Gott ist der Lehrer der Sehnsucht. Wenn ich mir etwas wünsche, wenn ich mich an ihn wende und dann vor ihm stehe, ist es, als kämen meine Wünsche in einen Schmelztiegel, in dem alle Schlacken abfallen. Es ist eine befreiende Reinigung. Beten in Gestalt der *proseuché* ist eine Angleichung meiner Wünsche an den Willen Gottes. Es verändert das Herz und damit mich. Und nicht nur das: Die Welt wird bekanntlich neu durch „neue Menschen".

So ist das Gebet, die Hinwendung an Gott mit meinen Wünschen, eine Schule der Sehnsucht. Und eine Schule par excellence ist das Vaterunser, auf das wir zurückkommen werden.

Unsere Sehnsucht ist ursprünglich eher verschwommen und vage, oft oberflächlich. Das Gebet schärft die Wahrnehmung, unser Bild vom Leben bekommt Tiefe, es hilft uns, die richtige Perspektive zu finden und das, was wir zuvor nur dunkel und vage gesehen haben, einzuordnen. Beten hilft, das Wesentliche vom Überflüssigen zu unterscheiden.

So beginnt das Beten mit dem Schrei unserer Bedürftigkeit, um dann zu einem Appell an unsere Sehnsucht zu werden. Beim Beten sollte ich mich immer wieder fragen: Was ist der stärkste Wunsch in meinem Leben? Welchen Wunsch möchte ich freilassen wie einen Vogel, der endlich losfliegen will? Welchen Wunsch möchte ich so umformen, dass er im Dienst einer echten Liebe steht?

Sich diese Fragen vor Gott zu stellen, das ist wahre Gewissenserforschung. Da geht es nicht um kleine Zerstreuungen oder ein nicht ganz glückliches Wort, sondern um mein tiefstes Verlangen, hier und jetzt. Dieses ist der Nährboden für ein Beten, das mehr ist als ein gedankenloses Nachbeten von Formeln. Es kommt vielmehr aus der Tiefe des Lebens. Es entspringt jenen mächtigen Kräften, die mich leben lassen und mich auch bedrohen können.

Das Lied unseres Lebens hat viele Strophen, Tränen gehören dazu, Träume auch. Im Beten hat all das Platz.

– *Énteuxis* (= Gebet):

Ursprünglich bezeichnet dieses Wort die Begegnung, den Besuch, das Empfangen eines Gastes, auch das Zusammenkommen. Die Beziehung tritt in den Vordergrund: Dieses dritte Wort fürs Gebet zielt nicht so sehr auf etwas, sondern auf jemanden: auf Gott, auf die Begegnung und das Zusammensein mit ihm. Könnte Gott uns je weniger schenken als sich selbst? In allem, was er uns geben mag, geht es immer darum! Jesus sagt: „Wenn nun ihr, die ihr böse seid, euren Kindern gute Gaben zu geben wisst, wie viel mehr wird der Vater im Himmel *den Heiligen Geist* denen geben, die ihn bitten“ (Lukas 11,13).

Der Übergang von „etwas“ zu „jemand“, vom „Verlangen nach etwas“ zum Wunsch, jemandem zu begegnen, ist anspruchsvoll und kann einen einiges kosten. Der Primat der Dinge muss durch den Primat der Person ersetzt werden. Wir müssen aufhören, uns um alles Mögliche zu kümmern und uns darin zu verlieren, und anfangen, so zu handeln, wie Jesus es bei seinem Besuch bei Marta und Maria nahelegt: „Marta ... war ganz davon in Anspruch genommen zu dienen. Sie kam zu ihm und sagte: Herr, kümmert es dich nicht, dass meine Schwester die Arbeit mir allein überlässt? Sag ihr doch, sie soll mir helfen! Der Herr antwortete: Marta, Marta, du machst dir viele Sorgen und Mühen. Aber nur eines ist notwendig. Maria hat den guten Teil gewählt, der wird ihr nicht genommen werden“ (Lukas 10,40–42). Verlieren wir uns nicht in diesem und jenem, sondern richten wir uns aus auf Jesus.

Bei den ersten beiden paulinischen Wörtern fürs Beten, die wir untersucht haben, stand die Bitte im Vordergrund; hier tritt sie zurück, aber sie bleibt durchaus präsent. Wir sind und bleiben bedürftig, wir haben Wünsche, und Gott weiß darum: „Euer himmlischer Vater weiß, dass ihr das alles braucht“ (Matthäus 6,32). Es ist, als würde er uns sagen: Tretet nur hin zum Vater, zeigt euch, wie ihr seid, sucht die Begegnung. Ihr müsst nicht tausend Bitten vorbringen. Er kennt euch doch! Selbst die Haare auf eurem Kopf sind alle gezählt! (vgl. Matthäus 10,30) – und auch eure Tränen. Und die Träume, die sich in ihnen spiegeln.

– *Eucharistía* (Dank, Danksagung):

Dieses Wort meint mehr die Dankbarkeit als den Dank, nicht ein einmaliges „Danke", sondern eine Haltung, die Ausdruck einer glücklichen Beziehung ist, die Antwort eines frohen Herzens auf die Erfüllung einer Bitte oder eines Wunschs. *Eucharistía* hat zwei Bestandteile, die beide auf die Freude verweisen: *eu-*, dieselbe Vorsilbe wie in *euavgélio*, Evangelium (frohe Botschaft, gute Nachricht), und *cháris*, das dieselbe Wurzel wie *chará* (= Freude) hat und eine willkommene Gratisgabe, bezeichnet, genau wie das lateinische *gratia*.

Vielleicht herrscht im Himmel mehr Freude über die Dankbarkeit als über einen Dank oder eine Danksagung. Denn Dankbarkeit beinhaltet die Freude über den anderen und die Beziehung zu ihm, eine Freude, die man dem anderen auch zeigen möchte. Dank hingegen, so gut und schön er ist, ist immer auch Dank für „etwas"; das Eigeninteresse spielt irgendwie doch noch ein wenig mit hinein.

In der Dankbarkeit wird das Leben zum Dank und zum Lobpreis, und die Freude ist wie das dazugehörige Echtheitssiegel.

Wie gut tun dankbare, frohe Menschen! Ob jemand gewissenhaft und tüchtig ist, ob etwa ein „Amtsbruder" brav seine Aufgaben erfüllt, interessiert mich immer weniger. Das allein langweilt auf Dauer. Ich halte Ausschau nach Menschen, die glücklich und zufrieden sind, nach Menschen, deren Leben „Eucharistie" ist: erfüllt von Dankbarkeit. Gesucht sind nicht nur kluge Köpfe mit guten Ideen, sondern authentische Menschen, die Freude empfangen und schenken können. Ist das nicht Christsein? Die Welt *braucht* glückliche, dankbare Menschen. Die Kirche braucht sie. Gesucht sind glückliche Frauen und Männer, dankbare Menschen, deren Leben Dank ist und freudiger Lobpreis.

* * *

Unter den überlieferten Gebeten finden wir alle Kategorien, die Paulus erwähnt.

Dankbarkeit und Lobpreis prägen etwa das Magnifikat (den Lobgesang Marias), das Benedictus (den des Zacharias), den Sonnengesang des Franz von Assisi und viele andere.

Das Thema *Begegnung* findet sich zum Beispiel in der Bitte der Emmausjünger: „Bleibe bei uns; denn es wird Abend" (Lukas 24,29). Wenn einem ein anderer etwas bedeutet, möchte man mit ihm zusammen sein, man wünscht sich, dass er bleibt. So wollte Maria aus Betanien, dass Jesus bleibt; so wünscht sich Jesus, mit uns zusammen zu sein, wie er in seinem Gebet an den Vater bekundet: „Vater, ich will, dass alle, die du mir gegeben hast, dort bei mir sind, wo ich bin" (Johannes 17,24). Er selbst sucht die

Begegnung: „Siehe, ich stehe vor der Tür und klopfe an“ (Offenbarung 3,20).

Unsere *Sehnsucht* findet Ausdruck in all den Gebeten, in denen wir um Vergebung, um Heil und Liebe bitten; auch das sogenannte Hohepriesterliche Gebet (Johannes 17,1–26) mit Jesu Bitte um Einheit und Frieden können wir zu dieser Kategorie zählen.

Unsere menschliche *Bedürftigkeit* steht im Zentrum aller Bittgebete für uns selbst, für die Kranken, ihre Angehörigen und Freunde, für die Notleidenden. Die Not und Bedürftigkeit sind das Terrain für die Wunder, von denen die Evangelien erzählen und auf die wir immer noch und immer wieder hoffen. Das Gebet als *déesis*, das Beten aus der Not heraus, zieht sich als Schrei vom Schrei Abels über den Schrei Hiobs bis zu dem Schrei Jesu am Kreuz, in dem Gott selbst zu Hiob geworden ist. Und er hallt wider in unseren eigenen Nöten und Bitten.

Wenn Beten wie Atmen ist, wie Sören Kierkegaard sagt, dann geht es über die Bewusstseinsebene hinaus. Unser ganzes Sein ist ein Ruf zum Himmel, ein existenzielles Gebet. Es ist der Atem der Seele, und uns kommt die wunderbare Aufgabe zu, uns dessen immer wieder bewusst zu werden.

Und manchmal steigt, wiederum ohne dass es uns bewusst wäre, die Freude am Leben wie ein Dankgebet nach oben: *Eucharistie* in schönster Form.

Ein Pharisäer und ein Zöllner

Oder: Beten kann gottlos machen

„Einigen, die von ihrer eigenen Gerechtigkeit überzeugt waren und die anderen verachteten, erzählte Jesus dieses Gleichnis:

Zwei Männer gingen zum Tempel hinauf, um zu beten; der eine war ein Pharisäer, der andere ein Zöllner. Der Pharisäer stellte sich hin und sprach bei sich dieses Gebet: Gott, ich danke dir, dass ich nicht wie die anderen Menschen bin, die Räuber, Betrüger, Ehebrecher oder auch wie dieser Zöllner dort. Ich faste zweimal in der Woche und gebe den zehnten Teil meines ganzen Einkommens.

Der Zöllner aber blieb ganz hinten stehen und wollte nicht einmal seine Augen zum Himmel erheben, sondern schlug sich an die Brust und betete: Gott, sei mir Sünder gnädig!

Ich sage euch: Dieser ging gerechtfertigt nach Hause hinab, der andere nicht. Denn wer sich selbst erhöht, wird erniedrigt, wer sich aber selbst erniedrigt, wird erhöht werden“ (Lukas 18,9–14).

Bei diesem Gleichnis kann einem angst und bange werden. Beruhigend ist es nur auf den ersten Blick: weil wir uns automatisch mit dem da hinten im Tempel identifizieren, uns spontan bei den Zöllnern einreihen und nicht bei den Pharisäern. Ein Schutzmechanismus? Vielleicht. Doch lassen wir die Worte einmal an uns heran. Es sind einschneidende Worte, die uns mehr treffen können, als uns vielleicht bewusst ist, die aber in unserem Leben auch etwas in Gang setzen können.

Wir sollten uns nicht vorschnell „ganz okay" fühlen – als „gerechtfertigte Zöllner". Denn genau denen, die sich einbilden, gerecht(fertigt) zu sein, will das Gleichnis etwas sagen. Zur Zeit Jesu war der Pharisäer das Modell dieser Menschen, heute könnten – in vertauschten Rollen – wir selber es sein, dann nämlich, wenn wir bei uns denken: Gut, dass ich nicht wie dieser Pharisäer bin!

Wir Menschen stellen uns immer gern auf die Seite der Guten.

Das Gleichnis lehrt uns, dass Beten gefährlich ist. Insbesondere zwei Gefahren sind damit verbunden: erstens die Gefahr, uns von den anderen abzusondern und zu isolieren, und zweitens die eines falschen Selbst- und Gottesbilds. Wir täuschen uns über uns und in Gott, und in einer irrigen Auffassung von einem „geistlichen Leben" sind wir es, die sich „versündigen".

Jesu Gleichnis ist eine Kampfansage: Er hat den Mut, ein verkehrtes Beten zu geißeln als eine Weise, die uns von Gott wegführt: Beten kann gottlos machen.

„Zwei Männer gingen zum Tempel hinauf, um zu beten …“

Der eine stellt sich aufrecht hin und betet, als spräche er zu sich selbst (*pros heauton* heißt es im Griechischen, wörtlich: er betete bei sich selbst): „Gott, ich danke dir, dass ich nicht wie die anderen Menschen bin, die Räuber, Betrüger, Ehebrecher oder auch wie dieser Zöllner dort.“

Die Worte sind an Gott gerichtet, aber im Grunde ist er nur auf sich selbst bezogen, er blickt in den Spiegel und ist gefangen in der Bewunderung seiner selbst.

Immerhin sagt er zunächst ganz richtig: „Herr, ich danke dir.“ Eigentlich ein sehr schönes Gebet, doch hier ist es irgendwie verdreht, die Richtung stimmt nicht. Er spricht nämlich vor den Menschen und nicht vor Gott. Er vergleicht sich mit den anderen und dankt, dass er nicht ist wie diese. Er steht „aufrecht“, aber es ist nicht die aufrechte Haltung eines freien, mündigen Menschen vor seinem Gott, es ist keine Begegnung von Zweien, die einander achten und frei lassen, nein: Seine aufrechte Haltung ist Siegerpose, Ausdruck von Wettstreit und vom Wunsch, etwas Besseres als die anderen zu sein.

Vor Gott dürfen wir uns *nie* mit den anderen vergleichen oder messen. Unser Maßstab kann nur das Evangelium sein. Was andere tun oder nicht tun, kann mein Verhalten und mein Leben weder legitimieren noch abwerten, niemals. Mein Leben soll nicht reflexhaft spiegeln, was andere tun und denken. Wenn etwas „in“ ist, sagt das nichts darüber aus, was dem Evangelium entspricht.

Mir steht es nie zu, ein Urteil über die anderen zu fällen wie jener Pharisäer, der sich erhebt über „die anderen Menschen ..., die Räuber, Betrüger, Ehebrecher". Beten und andere abwerten ist ein Widerspruch in sich. Man kann nicht in der Kirche wie die Engel singen und sich draußen wie ein Richter und Inquisitor aufführen.

Ein Problem des Pharisäers ist offenbar seine negative Sicht der Welt: Da sind lauter Räuber und Ehebrecher; er fühlt sich umgeben von Betrügern und verkommenen Gestalten, von Leuten, die Böses im Schilde führen, die von Begierden, vom Sex und weiß Gott was beherrscht sind ... Doch was ist das für ein Leben, das so voller Argwohn ist! Welche Angst muss ein solcher Mensch haben, auch nur das Haus zu verlassen, wo doch überall Gefahren lauern! Wie traurig ist ein solches Leben: Es mag noch so anständig sein, glücklich ist es sicher nicht.

Das Beten des Pharisäers entspricht seiner Weise, die Menschen zu sehen. Vielleicht entscheidet sich an der Art, wie wir beten, unsere Sicht der Welt und unser Blick auf die Menschen.

Schon der Anfang des Gebets dieses Pharisäers zeigt, dass in ihm etwas verbogen ist: Er dankt, aber dem Dank ist das Freudige und Positive abhanden gekommen. Er dankt für etwas, was er *nicht* ist. In seinem Herzen hat das Negative überhandgenommen; es ist ein Anti-Magnifikat.

Im Magnifikat herrscht das Positive vor, das Staunen, die Freude über das wunderbare Wirken Gottes, der alles gut, ja sehr gut gemacht hat.

Im Gebet des Pharisäers kommt Gott nicht vor, und seine Welt ist schlecht.

Um gut, im Sinne Jesu beten zu können, müssen wir lernen, die Welt mit den Augen Gottes zu sehen: „Gott sah alles an, was er gemacht hatte: Und siehe, es war sehr gut" (Genesis 1,31). „Der gute Mensch bringt aus dem guten Schatz seines Herzens das Gute hervor und der böse Mensch bringt aus dem bösen das Böse hervor. Denn wovon das Herz überfließt, davon spricht sein Mund" (Lukas 6,45).

Im Gebet des Pharisäers folgt dann eine Gewissenserforschung, die positiv ausfällt: „Ich faste zweimal in der Woche und gebe den zehnten Teil meines ganzen Einkommens." Er kann lauter positive Dinge vorweisen. Man könnte sich fragen: Warum findet sein Gebet im Himmel dennoch kein Gefallen? Hat er etwa irgendeine Schuld übersehen? Aus dem Gleichnis lässt sich das nicht herleiten: Es gibt keinen Hinweis auf verborgene Sünden.

Auf der anderen Seite steht der Zöllner. Auch da ist nicht anzunehmen, dass er sein Verhalten falsch einschätzt: Er wird wohl wirklich „ein Sünder" gewesen sein.

Jesus vergleicht gar nicht das moralische Verhalten der beiden, sondern ihre Haltung a) Gott gegenüber und b) dem Leben gegenüber.

a. Das Gebet des Pharisäers kommt bei Gott nicht an, weil es gar nicht an Gott gerichtet ist. Er ist zwar ein Spezialist in Sachen Gebet; er hat sich jahrelang damit beschäftigt und kennt alle Gebete Israels, vom *Shema Israel* bis zum *Achtzehngebet*, in- und auswendig, er hat die passenden Gebete für alle möglichen Anlässe parat und dürfte all das auch gewissenhaft praktizieren.

Ist dann vielleicht seine stolze Überheblichkeit das Problem, die Tatsache, dass er für seine Redlichkeit dankt und Gott sein gutes Leben als Gabe anbietet? Nein, das würde immer noch zu kurz greifen; damit wären wir immer noch auf der moralischen Ebene.

Das eigentliche Problem liegt darin, dass der Pharisäer (das hebräische Wort bedeutet „Abgesonderter") von Gott getrennt ist, dass es ihm gar nicht wirklich um Gott geht! Beten heißt für ihn nicht, mit Gott kämpfen, sondern es missrät zum Wettstreit mit den Menschen. Und in seiner Selbstbezogenheit ist er seinem Ego in die Falle gegangen. „Ich, ich, ich" – alles dreht sich ums Ich. Ich danke, ich bin, ich faste, ich gebe. Das wichtigste Wort der Welt hat er dabei vergessen: du.

Beten heißt, zu Gott „du" sagen. Im Vaterunser kommt interessanterweise „ich" oder „mein" nicht vor. Der Pharisäer spricht hingegen von nichts anderem als von sich selbst. Und er merkt nicht einmal, dass er damit indirekt Gott abweist.

Der Pharisäer ist einer, der alles weiß, der Gottes Urteile kennt, der weiß, was gut ist und was böse. Und böse sind die anderen. Von Gott und den Menschen, von der geschichtlichen Wirklichkeit braucht er keine Notiz zu nehmen. Von allen und allem getrennt, braucht er weder Gott noch die anderen. Was sollte er auch von Gott noch empfangen, was von anderen Menschen lernen? Er vergötzt sich selbst und betet sein eigenes Herz an.

Wer sich selbst genügt, kann nicht beten.

* * *

Der Pharisäer im Tempel zeigt uns die große Versuchung, in die wir selber geraten können, indem wir meinen, uns selbst erlösen zu können, indem wir die Gebete „verrichten", die Gebote befolgen, Nächstenliebe üben, als Ordenschristen uns an die Gelübde halten ... und im Grunde Gott nicht nötig haben. Der Pharisäer ist im Begriff, gottlos zu werden. Sein „Gott" agiert nicht, sondern registriert lediglich: gute und schlechte Taten. Sein „Gott" ist hohl und leer, nutzlos. Dagegen ist der Gott des Zöllners einer, der wirkt, einer, der sich anrühren lässt, einer, der sein Erbarmen schenkt.

* * *

Kein Mensch kann sich selbst die Absolution geben, auch nicht der Papst. Wir Menschen brauchen die anderen. Ein Urteil über uns selbst steht uns nicht zu. Wir sind und bleiben Bedürftige, Arme auf der Suche nach Reichtum in einem ganz weiten Sinne. Im Sakrament der Versöhnung *wird* mir die Absolution erteilt: Da beichte ich bei einem qualifizierten Zeugen, durch den mich neu und ganz real und garantiert erreicht, was ich vielleicht schon wusste: die Botschaft, dass Gott rettet, alle Schuld tilgt und eine neue Zukunft eröffnet. Darauf dürfen wir fest vertrauen. Aber sich selbst freisprechen kann keiner. Nur ein sich selbst beschauender Narzisst, der sich von Gott und den Menschen abgesondert hat, meint sich selbst lossprechen zu können.

* * *

Der Zöllner hinten im Tempel, dieser gebeugte Mann, der nicht einmal wagt aufzublicken und am liebsten im Boden versinken möchte, schlägt sich an die Brust und bittet: „Gott, sei mir Sünder gnädig!" Für ihn steht die Barmherzigkeit im Zentrum. Er betet, weil er bedürftig ist, weil er von Gott etwas braucht. Er betet wirklich, weil er das wichtigste Wort eines Gebets zu sagen vermag: „du".

> „Du, Herr, hab Erbarmen mit mir!"
> In diesem Wort treten ein Ich und Du in Beziehung.

Während im Beten des Pharisäers sein „Ich" das aktive Subjekt ist, sagt der Zöllner: „mit mir". Bei ihm ist Gott das handelnde Subjekt, Gottes Liebe und Erbarmen sollen an ihm wirken. An die Stelle des Ichs ist das Du gerückt, die Zwiesprache an die Stelle des Monologs des Pharisäers. Für diesen ist Gott ja nicht mehr als die stumme Wand, von der seine Selbstzufriedenheit widerhallt, und seine guten Taten sind bloß das Podest für das Denkmal, das er sich zu seinem Ruhm selbst errichtet.

„Herr, hab du Erbarmen mit mir! Sei du mir gnädig!" – Das Du Gottes ist entscheidend, wie im Vaterunser: du im Himmel, dein Name ..., dein Reich ..., dein Wille ...; vergib du uns, erlöse du uns!

Beten heißt: Gott mit „Du" ansprechen. Beten heißt: Umkehren vom Monolog zum Dialog.

Vielleicht ist Narziss weiter von Gott entfernt als Kain. Kain büßt seine Tat, womöglich wird er sie bereuen; jedenfalls sorgt Gott selbst für seine Sicherheit (vgl. Genesis 4,15: Der HERR machte „dem Kain ein Zeichen, damit ihn keiner erschlage, der ihn finde"). Doch wie sollte Narziss sich bekehren können? Wie jene, die immer nur bei sich selber stehenbleiben und nie von sich wegkommen?

* * *

Entscheidend in der religiösen Praxis ist nicht, was *ich* tue, sondern was *Gott* tut. Im Zentrum steht da nicht, ob ich moralisch handle oder nicht, sondern das Handeln Gottes, der rettet, aufnimmt, neues Leben schenkt.

Gott kann man sich nicht verdienen, ihn kann man sich bloß schenken lassen. Das Heil liegt darin, dass er mich liebt, nicht darin, dass ich ihn liebe. Und der eigentliche Sinn des Betens ist nicht, „dass ich kriege, was ich will", sondern eine Veränderung, ein Neu-Werden. Doch das interessiert den Pharisäer nicht, er listet seine guten Taten auf, bilanziert Dinge aus der Vergangenheit.

Anders als man vielleicht erwarten könnte, listet der

Zöllner nicht auf, was er falsch gemacht oder unterlassen hat, über sich selbst sagt er lediglich: „Ich bin ein Sünder."

Man kann beten, indem man auflistet und darlegt, was einen selbst betrifft. Man kann aber auch einfach versuchen, in Beziehung mit Gott als seinem Du zu kommen, eine Ich-du-Beziehung herzustellen. Fundamental wichtig ist in jedem Fall, dass ich nicht mit mir selbst rede, sondern in Beziehung komme.

* * *

Beten ist keine Abhandlung, keine dogmatische Erklärung, keine moralische Untersuchung, keine Anhäufung vieler Worte. Beten ist vielmehr die Bemühung, mich so zu positionieren und zu bereiten, dass es zur Begegnung kommen kann. Auch der Psalter ist im Grunde der Versuch, sich JHWH zu nähern, sein Antlitz zu sehen.

Beten heißt – wir kommen hier wieder auf dieses Motiv zurück – sich auf eine innere Pilgerreise zu machen: näher hin zu Gott, näher zu den anderen; Beten ist Heimkehr; Beten ist ein Weg zum Herzen; Beten heißt Unterwegssein zu dem Ort, wo das Herz zu Hause ist.

Dem Zöllner mit gesenktem Kopf, der nicht aufzublicken wagte, wurde vergeben. Nicht weil er besser gewesen wäre als der andere. Er war nicht besser. Jeder Vergleich „besser-schlechter" ist vor Gott unsinnig. Hätte der Zöllner gemeint, ihm sei vergeben worden, weil er besser wäre als andere (zumindest durch sein Bekenntnis, ein Sünder zu sein!), hätte er im Kern bloß den Fehler des Pharisäers wiederholt: die irrige Meinung, sich Gott und sein Erbarmen verdienen zu können – und wäre es durch ein Schuldbekenntnis! Man müsste nur neue Kriterien erfüllen. Doch auch die Demut „rechtfertigt“ und erlöst nicht: Das vermag Gott allein.

Nein, der Zöllner ist nicht besser als der Pharisäer.

Vergeben ist ihm, weil er „Du“ sagt, weil er sich öffnet wie eine Tür, durch die dann die Sonne kommt, wie ein Deichtor, durch das das Wasser strömt. Gott kommt und schenkt sich.

Vergeben ist ihm, weil er auf Gott setzt, weil er an einen Gott appelliert, der größer ist als seine Schuld und größer als sein Herz.

An einen Gott, der den Gerechten wie den Ungerechten Sonnenschein und Regen schenkt (vgl. Matthäus 5,45).

An einen Gott, der die Sünder liebt, der sich in der Person Jesu mit Zöllnern und Prostituierten an einen Tisch setzt und grenzenlose Barmherzigkeit gewährt.

Nochmals: Gott kann man sich nicht verdienen, ihn kann man sich bloß schenken lassen.

* * *

Genau besehen sind wir wohl allesamt ein wenig Pharisäer und ein wenig Zöllner. Darum wissend, können wir uns neu auf den Weg machen.

Ich selbst habe oft so oder ähnlich gebetet: „Mein Gott, so schlecht bin ich doch gar nicht. Ich habe mich bemüht, den Spuren Jesu zu folgen. An gutem Willen hat es mir eigentlich selten gefehlt. In dieser oder jener Hinsicht bin ich wirklich nicht so wie ... Das mache ich doch besser als ‚weiß Gott wer' (wie man zu sagen pflegt). Hätte ich es nicht zumindest verdient, zu bekommen, was ich brauche?"

Was für ein banales Feilschen! Besser wäre es gewesen, tief zu seufzen und in aller Freiheit ein Gebet wie dieses zum Himmel zu schicken:

„Du, Herr, der du uns atmen und aufatmen lässt,
es ist schwierig, Christ zu sein.
Ich bekomme das nicht hin;
mehr ist nicht drin.
Aber ich werde versuchen,
wiedergutzumachen, was möglich ist.
Reich du mir doch auch jetzt deine Hand,
die du mir noch immer entgegengestreckt hast,
damit wir miteinander
am hellen Tag wie bei Nacht
über die Felder des Lebens gehen.
Gemeinsam, Hand in Hand mit dir, Herr."

Ein anderer Schluss

Wie könnte ein alternatives, ein gutes Ende dieses Gleichnisses lauten? Spielen wir einmal eine mögliche Happyend-Variante durch:

„Als der Pharisäer diese Worte Jesu hörte, lief es ihm kalt den Rücken herunter, er warf sich auf die Erde, mit dem Gesicht nach unten, und sagte: ‚Herr, hab Erbarmen mit mir, denn ich habe verlernt, dich und die Schwestern und Brüder in den Blick zu nehmen. Herr, nimm den Balken aus meinem Auge, der mir ständig die Sicht versperrt; komm und nimm Wohnung in meiner Einsamkeit; öffne meine Ohren und mein Herz für die, die an der Tür meines Lebens anklopfen! Öffne mein Herz für alle, die sich danach sehnen, wieder lieben zu können.' Dann stand er auf, ging nach hinten, setzte sich schweigend neben den Zöllner und stimmte dann ein in sein Gebet."

So könnte es sein, wenn auch der Pharisäer zum Gebet findet. Beten verkürzt die Distanzen, Beten schafft Nähe, in unserem Fall zwischen dem Pharisäer und dem Zöllner. Denn Beten verändert, es lässt uns Gott und die anderen mit anderen Augen sehen. Es lässt uns das „Du" im Himmel und auf Erden wiederfinden, abertausendfach. Beten gibt der Welt neuen Raum in uns und führt uns – in der Verbundenheit mit allen – auch wieder auf den Weg zu Gott. Denn Gott und die anderen lassen sich nie auseinanderdividieren. Die Art, wie Menschen andere Menschen behandeln, berührt unmittelbar auch Gott. Und die Art, wie wir mit Gott umgehen, berührt unmittelbar auch die Menschen, wirkt sich aus in Welt und Geschichte.

Und so stellt sich wieder, diesmal in größerer Dimension, die Frage: Was ist das für ein Gott, zu dem wir beten? Welches Bild haben wir von ihm? Welches Bild von ihm präsentieren heute unsere Gemeinden, unsere Gemeinschaften, unsere Versammlungen?

Die dringlichste Aufgabe besteht m. E. darin, die „Ikone Gottes" neu zu malen: als Ikone eines jungen, verliebten Gottes, der sich in den Dienst von uns Menschen stellt, der sich wie Jesus bei der Fußwaschung mit einem Leinentuch gürtet, der die Wunden der Erde verbinden und Licht ins Dunkel bringen will. Als Ikone eines aufmerksamen, sich kümmernden Gottes, der Begegnungen ermöglicht und imstande ist, neue Beziehungen zu schaffen.

Von Pierre-Joseph Proudhon (1809–1865) stammt das fürchterliche Wort:

> „Ich habe an dem Tag aufgehört, an Gott zu glauben,
> an dem ich einen Menschen fand, der besser war als er."

Welchen Gott zeigen wir? Welches Gottesbild prägt unser Beten? Die Antwort hat unmittelbare und weitreichende Konsequenzen.

Allzu oft präsentieren wir einen langweiligen, blutleeren Gott. Oder einen akribischen, zornigen Gesetzeshüter, der weder lacht noch sich für das Leid der Menschen interessiert. Den „Irrenden" oder denen, die „ein ungeordnetes Leben" führen, das nicht den kirchlichen Weisungen entspricht, bloß mit Verboten, Urteilen, Regeln zu kommen, ist absurd. Vielleicht sogar geradezu kriminell: Denn auf diese Weise bewirken wir nur, dass sie für lange Zeit von der Kirche und ihrer Botschaft nichts mehr wissen wollen. Wir müssen sie etwas von der Ewigkeit spüren lassen, und die Erfahrung, dass das Leben schön ist, gibt einen Vorgeschmack davon. Die praktizierte Liebe ist das beste Mittel der Evangelisierung. Nicht die Sünde brandmarken, sondern spürbar machen, dass die Sünde dem Wunder des Lebens entgegensteht, ihm keinen Raum gibt …

Verbringen wir unser Leben so weit wie möglich mit dem, was einzig Wert und Bestand hat. Seien wir „Baumeister von Ewigem“. Und vergessen wir nicht: Was in Ewigkeit bleibt, ist allein die Liebe. Die Liebe bleibt, und sie ist am größten, schreibt Paulus in seinem Hohelied der Liebe (vgl. 1 Korinter 13,8).

Hier und heute kann etwas von dieser „Ewigkeit“ in uns lebendig werden: als eine sprudelnde Quelle, als neue Lebenskraft, als göttlicher Elan: etwas von der wunderbaren Liebe Gottes selbst.

Die Selbsttäuschung des Anklägers

Das Gleichnis vom Zöllner und Pharisäer zeigt uns den ganzen Ernst des Betens. Es ist eine Auseinandersetzung, in der es um alles geht. Bleiben wir bei der Kampf-Metapher: Wenn Beten zum Versuch wird, Gott zu bezwingen, die Oberhand über ihn zu gewinnen und ihn sich gefügig zu machen, verliert der Beter Gott und seine eigene Menschlichkeit. Wenn der Mensch von anderen oder von Gott „überfallen" wird, sollte er sich „ergeben" und zur Verfügung stellen. Das Zepter wird ihm aus der Hand genommen: „Ein anderer wird dich gürten und dich führen, wohin du nicht willst" (Johannes 21,18). Doch am Ende wird er erfahren, wie viel er dabei gewonnen hat, wie viel reicher sein Leben geworden ist, wenn er Gott die Führung überlassen hat.

Betrachten wir nochmals genauer, worin der Fehler im Beten des Pharisäers liegt. Darin, dass er bei Gott einen anderen, der ihm nicht einmal Böses getan hat, denunziert; er nennt ihn einen Sünder. Anders der Zöllner: Er hat seine eigene Schwachheit vor Augen; der Pharisäer ist in dem Moment gar nicht in seinem Blickfeld.

Indem der Pharisäer einem anderen Menschen das Sünder-Etikett verpasst, tut er etwas, was allein Gott zusteht. Uns nie. Das Wort „Sünder" kann man immer nur auf sich selbst beziehen; sonst würden wir uns an Gottes Stelle setzen und das wiederholen, was am Anfang passierte: Erinnern wir uns an die Erzählung vom Sündenfall (vgl. Genesis 2).

Gott allein stünde es zu, aber nicht einmal Gott verurteilt: Er nimmt auf, richtet auf und richtet ein Fest aus.

Statt seinem Gott zu sagen: „Sieh, da ist eines deiner Kinder! Schau da, dein Sohn!", präsentiert der Pharisäer ihm einen Sünder, und sich selbst spricht er frei. Für ihn ist die Welt ein Gerichtssaal, in dem Schuldige ausfindig gemacht werden. Und schuldig sind immer die anderen.

Wie viele Menschen ergötzen sich an den Fehlern anderer und meinen, sie stünden besser da, wenn sie andere erniedrigen ... Jesus hat nur „eine Sorte" von Menschen nicht ertragen: die Ankläger. In der Offenbarung des Johannes wird der Teufel als „der Ankläger" bezeichnet: „der Ankläger unserer Brüder [und Schwestern], der sie bei Tag und bei Nacht vor unserem Gott verklagte" (12,10). Der Name des Geistes hingegen ist „Paraklet", Verteidiger!

Woher kommt die Manie, anzuklagen, dieses Bedürfnis, zu verurteilen? Meistens verbergen sich dahinter Angst und Unsicherheit. Die Ankläger haben Angst, dass alles ins Wanken gerät, sie brauchen (vermeintliche!) Sicherheiten, vor ihrem geistigen Auge steht der Untergang, in ihrem Herzen ist alles düster. Integralisten, die alle Lebensbereiche nach starren kirchlichen Regeln und Maßstäben gestalten wollen, sind stets von Ängsten beherrschte Menschen.

Der Trugschluss der Demut

In den Psalmen bekundet der Betende häufig seine Unschuld: „Verschaffe mir Recht, Herr, nach meiner Gerechtigkeit, nach meiner Unschuld, die mich umgibt!" (Psalm 7,9); „Fest blieben meine Schritte auf deinen Bahnen, meine Füße haben nicht gewankt" (Psalm 17,5). Wir würden uns Gott gegenüber wohl kaum in dieser Weise äußern; solche Unschuldsbekundungen wecken eher Irritationen. Sind wir deshalb demütiger als der Psalmist? Das ist damit keineswegs gesagt.

Wir nehmen Anstoß, wenn sich jemand als „gerecht" erklärt, und nennen uns ohne Umschweife „Sünder". Aber geschieht das nicht so manches Mal, um „hintenherum" doch Anerkennung einzuheimsen? Wer seine Sündhaftigkeit eingesteht, steht gut da, doch im Herzen kann immer noch der Pharisäer lebendig sein, nur dass er nicht mehr seine Verdienste, sein Fasten und seine Almosen herauskehrt, sondern seine Demut. Doch, wie gesagt, Gott kann man sich durch nichts verdienen, man kann ihn nur aufnehmen, sich schenken lassen.

Beten wir vor dem Tribunal der Wahrheit und Wahrhaftigkeit. Die Beter in den Psalmen bezeichnen sich als Sünder *und* Gerechte. Das aufrichtige Bekenntnis: „Da habe ich gesündigt" setzt voraus, dass man auch aufrichtig sagen kann: „Da habe ich gut gehandelt."

Das ist die Lektion, die uns die Psalmen in diesem Zusammenhang geben: Sie helfen uns zu unterscheiden, sie geben uns einen letztlich positiven Blick und lassen uns in aller Einfachheit auch das Gute sehen.

Das Gute wahrnehmen, das vermag ein Mensch, der in rechter Weise demütig ist.

So gehört zur richtigen Gewissenserforschung, dass wir die guten Keime entdecken, die aus den Samen wachsen, welche unser Schöpfer wie ein Sämann fortwährend in uns ausstreut. Übersehen wir nicht all das gute Korn, das unter der Sonne der unermüdlichen, stillen und beharrlichen Sorge Gottes heranreift, auch in uns.

Schweigen – hören – bitten

„Wenn du betest, geh in deine Kammer, schließ die Tür zu; dann bete zu deinem Vater, der im Verborgenen ist!"
(Matthäus 6,6)

Zunächst einmal geht es in diesem Jesuswort darum, dass das Sein wichtiger ist als der Schein. Daneben aber gibt es eine weitere Dimension: In der Tradition der Wüstenväter wird die verborgene Kammer auch als der eigene Leib gedeutet. „Die Zelle des Mönchs sind die Grenzen seines Körpers. Da ist der Sitz der Weisheit", schrieb der Abt und Einsiedler Johannes Klimakos. Es geht um den Rückzug ins eigene Innere, wo alles andere zurücktritt. „Nach und nach, jenseits aller Formen, die zweitrangig sind, muss das Gebet zur Erwartung Gottes werden", schreibt Simone Weil; diese innere Ausrichtung habe keine äußere Entsprechung. Es ist ein Ausgestrecktsein auf Gott in völliger innerer Armut, das „Nada", das „Nichts" eines Johannes vom Kreuz, einer Teresa von Avila.

Unser Gebet zur Erwartung Gottes werden lassen, bis er kommt und es erfüllt, auf seine Weise, auf seinen Wegen ...

Beten in schweigender Erwartung

Johannes Cassian, geb. um 360, erläutert in seinen „Unterredungen“ (IX, 35), wie wir „im Verborgenen“ beten können: „Wir beten in unserer Kammer, wenn wir das Herz aus dem Tumult der Gedanken und Sorgen herausziehen und in einer Art geheimer, freundschaftlicher Zwiesprache dem Herrn unsere Wünsche offenbaren. Wir beten mit verschlossener Tür, wenn wir, ohne die Lippen zu bewegen, den anrufen, der nicht auf Worte achtet, sondern auf das Herz schaut.“

Beten ist dem Himmel umso näher, je größer die Tiefe des Herzens ist, und stets muss es mitten durchs Leben hindurchgehen. Die Zurückgezogenheit (die „Wüste“) und das Schweigen lehren uns diese geerdete Innerlichkeit.

Es braucht viel Schweigen, um das Schweigen Gottes zu vernehmen. Und Schweigen ist nicht einfach ein Fehlen von Worten. Es ist Frucht einer Erwartung. Es ist wie die gespannte Stille unmittelbar vor den ersten Klängen einer Sinfonie. Es ist wie das Warten des Orchesters auf das Signal des Dirigenten: Alle Augen sind wie gebannt auf den Taktstock gerichtet. Intensivste Stille, gebanntes Warten, dann – der erste Ton ...

Beten in schweigender Erwartung reißt heraus aus dem Gewohnten, aus der Eintönigkeit immer gleicher Worte.

Eine biblische Szene veranschaulicht dieses gebannte Warten: Die Rede Jesu in der Synagoge von Nazaret, die Lukas als genialer Regisseur wie in Zeitlupe präsentiert.

Sie reichen Jesus die Schriftrolle, er öffnet sie, sucht die Stelle, beginnt zu lesen ..., gibt die Rolle zurück, setzt sich. Alle Augen in der Synagoge sind auf ihn gerichtet. Die Spannung ist nicht zu überbieten, es herrscht dichtestes Schweigen: Was für ein Augenblick! Und dann ergreift Jesus das Wort ... (vgl. Lukas 4,16).

Lernen wir wieder, in Erwartung zu leben, in Erwartung zu beten. Die Voraussetzung ist freilich, dass wir nicht denken, schon alles zu haben, was wir brauchen. Erwartung kann nur aufkommen, wenn wir spüren, dass es mehr gibt als das, was wir haben, dass uns etwas abgeht, dass das Leben mehr ist und dass es anderswo herkommt.

Wir sollten diesen Fragen nachgehen und sie „leben", um die Formulierung Rilkes aufzugreifen: Was geht mir ab? Wonach dürste ich, sehne ich mich? Was verlangt mein Körper, was meine Seele? „Was sucht ihr?", fragt Jesus (Johannes 1,38). Bei den Lebensfragen ansetzen kann wie eine Injektion neuen Lebens sein. Auf das Leben „hören", das kann ein neuer Anfang des Betens werden. Da wird Beten leicht. Leicht wie das Wahrnehmen des Herzschlags.

Ohne den Sinn für das Leben und seinen Wert können wir nicht beten. Im Verborgenen beten heißt beten in geerdeter Innerlichkeit. Im Hinhören ...

* * *

In der Religion der alten Griechen spielte wie in den meisten antiken Religionen im Mittelmeerraum das *Sehen* eine wesentliche Rolle. Man hat die Griechen „das Volk, das schaute“ genannt. Im Judentum dagegen ist das *Hören* entscheidend.

Während in der Mitte der griechischen Tempel eine Götterstatue stand, war das Zentrum des Jerusalemer Tempels ein dunkler Raum, und da, im Allerheiligsten, befand sich eine vergoldete Truhe, die Bundeslade, mit aufgezeichneten Worten. Da war nichts zu sehen, es war zu dunkel.

Die griechischen Götter hatten menschliche Gestalt, in ihnen wurde die Schönheit verherrlicht. Den Gott Abrahams hat nie jemand gesehen, er hat keine sichtbare Gestalt (vgl. Exodus 33,20), und es ist verboten, ein Bild von ihm zu machen.

Die Kunst der Griechen war eine Kunst für die Augen: Von der Skulptur bis zur Architektur haben sie Meisterwerke geschaffen. Auch das Theater ist vor allem zum Anschauen: *théatron* kommt von *theáomai* (schauen); der *theatés* ist der Zu*schauer*. Die Juden kannten kein Theater. Im Judentum liegt der Schwerpunkt eben nicht auf dem Schauen, sondern auf dem Hören. „Das *Wort* des HERRN erging in einer Vision an Abram“ (Genesis 15,1); „Gott *sprach* in einer nächtlichen Vision zu Israel“ (Genesis 46,2). Nicht das Geschaute zählt, wichtig ist die Botschaft.

***

Hören ist die ursprüngliche Form des Betens: „Rede, HERR, dein Diener hört!“ (vgl. 1 Samuel 3,10). Dies ist der erste „Gottesdienst“, den wir dem HERRN schulden. Das Hören ist der Anfang allen Betens.

Beten ist Erwartung, Warten auf ein Wort. Vielleicht „nur“ darauf, dass uns eine Stimme zuflüstert: „Ich liebe dich! Ich liebe dich! Ich liebe dich!“

* * *

„Wenn ihr betet, sollt ihr nicht plappern wie die Heiden“ (Matthäus 6,7). Wir sollen nicht „viele Worte machen“.

Beten heißt nicht, irgendwelche Gebetsformeln nachsprechen. Es kommt vor, dass Psalmen und Hymnen „aufgesagt“ werden, ohne auch nur im Geringsten etwas von einer Begegnung zu verspüren. Immerhin betet dann wenigstens der Körper, und es betet die aufgewendete Zeit.

Wenn aber ein Satz, ein Wort, ein erfülltes Schweigen beim Beten überraschend die Seele berührt und das Herz beginnt überzufließen, dann gilt es innezuhalten, einzutauchen in diese leise Ahnung von Gott, aufzuhören, „viele Worte zu machen“, und dem Schweigen nachzuspüren, das im Herzen der Worte wohnt: den Geist zu entdecken, der im WORT wohnt.

Der Wert erfüllter Augenblicke

Nicht nur das persönliche Beten, auch das liturgische Gebet wird relativ, wenn das Symbol Wirklichkeit, wenn es „Präsenz" wird. Die Sprache wird sekundär, sobald der Geliebte selber da ist. Die vielen Worte, aus der Ferne an einen Abwesenden adressiert, sind nichts, verglichen mit einem Schrei der Seele oder einem inneren Seufzen, auf das Gott ganz unvermittelt mit seiner spürbaren Nähe antwortet.

Solchen Augenblicken *müssen* wir nachgehen, wie einer der frühesten christlichen Mönchsschriftsteller schon im 4. Jahrhundert schreibt:

„Wenn dir eine nützliche Intuition kommt, so trete sie an die Stelle der Psalmenrezitation. Lehne das Geschenk Gottes nicht ab, bloß um die Regel einzuhalten. Ein Gebet, in das sich nicht göttliche Eingebungen mischen, eine Vision, die nur Frucht deiner menschlichen Klugheit ist, ist bloß eine Anstrengung ... Gefalle dir nicht aufgrund der Zahl der Psalmen, die du gebetet hast; sie legt sich wie ein Schleier auf dein Herz. Ein einziges inniges Wort zählt mehr als tausend Worte, bei denen du nicht wirklich zugegen bist" (Evagrius Ponticus, 345–399).

Nur im gegenwärtigen Augenblick können wir das Gebot leben, Gott „mit ganzem Herzen, mit ganzer Seele und mit ganzer Kraft" zu lieben (Deuteronomium 6,5). In einem Augenblick, in dem die Sehnsucht nach Gott aufblitzt, kann ich ihm mit ganzem Herzen und ganzer Seele einen Gedanken zukommen lassen, wie ein Verliebter dem geliebten Menschen einen Gedanken voll Liebe schickt.

Beten heißt gernhaben. Und dafür ist immer Zeit, *ein Augenblick genügt*.

Alles Beten zielt auf die erfüllten Augenblicke der Begegnung hin; Stunden des Gebets dienen dazu, einen solchen Moment vorzubereiten. Vor Gott sind tausend Jahre wie ein Tag (vgl. Psalm 90,4), und ein Augenblick zählt wie tausend Tage. Der Augenblick ist ein Fragment der Ewigkeit. Schon ein einziger intensiv gelebter Augenblick hat Wert: Nicht die Qualität zählt vor Gott, sondern die Intensität. In einer kleinen Gabe wie dem Obolus der Witwe kann alles enthalten sein, weit mehr an Einsatz und Hoffnung als in den reichen Gaben der Reichen (vgl. Matthäus 12,42).

Wenn Gott kommt und bei uns anklopft, öffnen wir ihm in diesem Augenblick und zeigen wir uns ihm, so wie wir sind, mit allem, was wir haben, und scheuen wir uns nicht, ihm unsere Liebe zu bekunden!

* * *

Können wir solchen Augenblicken Dauer verleihen, und wenn ja, wie?

Indem wir uns erinnern, sie uns immer wieder ins Gedächtnis rufen. Wenigstens die Erinnerung an diese intensiven Augenblicke können wir wachhalten: an „Auferstehungserfahrungen“, an diesen oder jenen Engel, der uns begegnet ist, an Momente der Fülle. Bewahren wir diese Erfahrungen im Herzen, halten wir die Erinnerung daran lebendig und denken wir darüber nach, wie Maria es getan hat (vgl. Lukas 2,19.51). Auf diese Weise retten wir sie vor dem Vergessen; denn es sollte nicht passieren, dass diese erfüllten Augenblicke verlorengehen.

Große Fragen: Bitten oder nicht bitten? Was, wenn die Bitten nicht erhört werden?

Beten im Schweigen, beten im erwartenden Hören – und wie steht es mit dem Bitten? Wenn Jesus uns rät, in der Stille zu beten, ist das Bitten mitgemeint. Aber wir sollen dabei wissen, dass Gott unsere Bedürfnisse kennt, wie er an anderer Stelle sagt:

> „Euer Vater weiß, dass ihr das braucht" (Lukas 12,30).

Unser Vater „weiß", und da ist alles mit drinnen. Auch die Erhörung? Das ist die große Frage: Wird das Gebet erhört werden? Die Heiden meinten, aufgrund ihrer vielen Worte erhört zu werden. Und wir? Sollen wir daran glauben, dass unsere Bitten erhört werden, oder dürfen wir nicht darauf hoffen?

In dem, was Jesus sagt, liegt eine wichtige Akzentverschiebung. Der Schwerpunkt liegt nicht mehr auf der Hoffnung, erhört zu werden, sondern auf dem Vertrauen auf den Vater, was immer aus *unseren* Wünschen werden mag: „Wenn ihr betet, sollt ihr nicht plappern wie die Heiden, die meinen, sie werden nur erhört, wenn sie viele Worte machen. Macht es nicht wie sie; denn euer Vater weiß, was ihr braucht, noch ehe ihr ihn bittet“ (Lukas 6,7f). Jene meinen, aufgrund ihrer vielen Worte Gehör zu finden, ihr aber sollt wissen: Der Vater weiß, was ihr braucht! Wenn die Gebete erhört werden, so nicht, weil wir etwas tun, nicht wegen der Bitte, sondern *weil wir Gott am Herzen liegen, weil er unsere Bedürfnisse kennt*. Und unmittelbar nach dieser Unterscheidung sagt Jesus den Seinen, wie man „nicht-heidnisch“ beten kann: Er lehrt sie das Vaterunser.

Das Vaterunser

Sieben Bitten enthält das Vaterunser: nicht gerade wenig. Sie wirken wie Imperative, zum Teil wie ein regelrechter Befehl: „Gib uns das Brot!“ Am Bitten kann es nicht liegen, ob ein Gebet „wie das der Heiden“ ist.

Es fällt allerdings auf, dass Jesus um das bittet, was wirklich notwendig und wichtig ist: einen Vater zu haben, seine Wünsche zu kennen; er bittet um Brot, Vergebung, um Kraft angesichts des Bösen.

Jesus verwandelt unser Verlangen: vom Überflüssigen zum Notwendigen; er lehrt uns zu ersehnen, wonach Gott sich sehnt, und Gottes Träume zu träumen.

Das Vaterunser fordert uns auf, nicht die Bedürfnisse zu vermehren, wie es gang und gäbe ist in einer Gesellschaft, in der immer neue, oft ausufernde Bedürfnisse geweckt werden. Es ist eine Askese für unsere Wünsche, die zum Wesentlichen führt: zur Gemeinschaft mit dem Vater. Er weiß, was wir brauchen, und wir kennen seine Wünsche.

Er interessiert sich für die Sache des Menschen; der Mensch, der das Vaterunser betet, interessiert sich für die Sache Gottes.

Der Wunsch, dass die Bitten erhört werden, bleibt. Aber es hat sich Entscheidendes verändert; das Vaterunser hat uns eine Stufe höher geführt. Wir bitten Gott nicht darum, sich unserem Willen zu beugen. Im Vaterunser interessieren sich Gott und Mensch für die Wünsche und Bedürfnisse des je anderen. Wir lassen uns auf einen Gott ein, der sich auf uns einlässt, den es nach uns verlangt, der vergibt und barmherzig ist. Damit sind wir im „Herzstück“ der Offenbarung: Kein „Heide“ hätte diese Demut Gottes je begreifen können: dass Gott selbst bedürftig ist! Und barmherzig! Dass es Gott danach dürstet, dass wir Durst haben nach ihm!

* * *

Die Frage, ob Gott taub ist für unsere Bitten, ist falsch gestellt. Wenn wir so fragen, dann müssen wir uns fragen lassen: Welches Gottesbild haben wir uns da gezimmert, welches Idol uns gemacht? Ein Idol, das seltsamerweise an das erinnert, was der Versucher Jesus in der Wüste sagt: „So sprich, dass diese Steine Brot werden ... Wirf dich hinab (von der Zinne des Tempels) ...“ – Engel werden kommen und dich tragen (Matthäus 4,3–5).

Wir sollten wie Jesus der Versuchung widerstehen, aus Gott einen Erfüllungsgehilfen unserer Wünsche oder ein Produkt unserer Bedürfnisse zu machen!

Sind wir dann, so könnte man weiter fragen, uns selbst überlassen? Keineswegs! Der Vater beschenkt uns, der Geist beschenkt uns, der Sohn beschenkt uns. Uns ist Gottes Wort geschenkt, das wehtut und fasziniert, das richtet und tröstet. Uns sind „sieben Geistesgaben“ geschenkt, die wie ein Same in unserem Leben aufkeimen wollen, damit es gute Früchte echter Menschlichkeit hervorbringt. Es ist wie göttlicher Blütenstaub, der uns „von oben“ und aus Gottes Zukunft erreicht. Uns ist dieser Jesus geschenkt, die gekreuzigte Liebe, das lebendige Brot, der Hirte, der auch das letzte verlorene Schaf suchen geht.

Ist Gott taub für unsere Bitten? Wir sollten die Frage umdrehen: Hören wir Gottes Bitten? Es ist Gott, der uns bittet! Darum, dass die Maske von uns abfällt, die wir immer wieder so gerne aufsetzen: die Maske der Aggressivität, der Gewalt und Angst. Uns kommt es zu, jenen Gott zu erhören, der uns in Einklang mit den Gesetzen des Lebens bringen möchte, damit wir gute Frucht bringen können (vgl. Johannes 15,8). Gott bittet uns darum, dass wir ihn erhören! Und er bittet uns, dass wir Durst haben nach seinem Durst.

Wir sind es, die barmherzig sein müssen – mit Gott: Nehmen wir ihn auf, wie eine Mutter für ihr Kind da ist, mit jener ursprünglichen Offenheit und Bereitschaft, mit der Maria das WORT, Jesus, empfangen hat. Barmherzig sein, das heißt vom Wort her: mit dem Herzen einer Mutter lieben, im Hebräischen wird auf das Innere, auf den Schoß der Mutter angespielt. Nehmen wir ihn auf: Er ist es, der an der Tür steht und anklopft (vgl. Offenbarung 3,20).

Sonst laufen wir Gefahr, verwöhnte Kinder zu bleiben, die selbst keine Verantwortung übernehmen. Wir würden riskieren, mehr oder weniger zufällige Spuren in der Geschichte zu hinterlassen, die keinen rechten Sinn ergeben, statt an der Geschichte jenes Gottes teilzuhaben, der sich Barmherzigkeit wünscht.

* * *

Einst hat Gott sich vor Maria klein gemacht und sie gebeten, in ihrem Schoß zur Welt kommen zu können. Seither bittet er all seine Kinder, sich für ihn zu öffnen, ihm Eingang zu gewähren, ihm gegenüber „barmherzig" zu sein.

Wer Gott gegenüber „barmherzig" ist, der ist es auch den anderen gegenüber; denn er ist erfüllt von der Liebe Gottes.

Genau das ist Beten: Gottes Leben in unser Leben einlassen. Uns öffnen für ihn. Das Vaterunser, dieses „nichtheidnische Gebet", ist das Musterbeispiel für ein solches Beten. Es öffnet uns für das Du des Vaters und für das Wir. Es enthält nicht viele Worte, aber umso mehr Leben; es bewirkt eine wunderbare „Lebensvermehrung".

Vom Sinn konkreter Bitten

Auch vor dem Hintergrund dieser grundlegenden Reflexionen bleibt es legitim, auch ganz konkrete Bitten auszusprechen. Denn sie können eine Weise sein, Gott zu bekunden, dass wir auf seine unbegrenzte Güte vertrauen.

Bitten um konkrete Dinge können ein Zeichen dafür sein, dass unser Beten echt und mit Leben gefüllt ist. Wer immer nur um spirituelle Dinge bittet oder ganz allgemein um Gerechtigkeit und Frieden, um Demut und Treue, der mag das mustergültig finden, aber es könnte sein, dass der lebendige Gott in seiner Lebenswirklichkeit nicht wirklich vorkommt. Es fehlt an „Inkarnation".

Wenn wir uns voll Glauben und Hoffnung Gott zuwenden, sollten wir uns freilich bewusst sein, dass er – in Anlehnung an ein Bonhoeffer-Wort – nicht immer unsere Bitten erfüllt, wohl aber seine Verheißungen.

Und er hat uns versprochen, dass er uns Gutes gibt und die Fülle des Lebens (vgl. Johannes 10,10).

Das ist das Paradoxe des Bittgebets: Einerseits weiß Gott, was wir brauchen, bevor wir ihn bitten (vgl. Matthäus 6,8.32); er braucht unsere Gebete nicht, er kennt unsere Bedürfnisse. Andererseits sagt Jesus auch: „Bittet und es wird euch gegeben; sucht und ihr werdet finden; klopft an und es wird euch geöffnet!" (Matthäus 7,7). Aber wir sollen nicht viele Worte machen. Jesus korrigiert ein *falsches* Bitten, ohne das Bitten grundsätzlich abzuschaffen. Wir sollen wissen, dass Gott um uns und unsere Bedürfnisse weiß, ohne deshalb aufzuhören zu bitten. Es ist paradox, aber kein Widerspruch. Weil es Gott danach dürstet, „dass wir nach ihm dürsten" (KKK 2560), insistiert Jesus geradezu darauf, dass wir unablässig, ja bis an die Grenze zur Unverschämtheit bitten: Der „Freund" möge aufstehen und uns das Brot geben (vgl. Lukas 11,5-8)! Er kann es tun, weil er weiß: Da ist ein Freund, der es gut mit ihm meint.

Vom Neuen Testament her ist eine prinzipielle Ablehnung des Bittgebets oder des Bittens um materielle Güter und konkrete Dinge in keiner Weise zu rechtfertigen. Der Glaube an den Schöpfergott verlangt auch den Respekt vor allem Materiellen.

Dieser Glaube war für Jesus charakteristisch: Er hat die materiellen Dinge wertgeschätzt; man hat ihn gar einen „Fresser und Säufer" (Matthäus 11,19) genannt. Auch die Brotbitte im Vaterunser darf nicht nur spirituell interpretiert werden; Jesus meint ganz sicher auch materielle Güter mit, wenn er vom Bitten spricht. Allerdings hat er sie nicht an die erste Stelle gerückt; vielmehr sagt er, wir sollten zuerst das Reich Gottes suchen, „dann wird euch das andere dazugegeben" (Lukas 12,31).

Auch Paulus schreibt: „Sorgt euch um nichts, sondern bringt in jeder Lage betend und flehend eure Bitten mit Dank vor Gott!" (Philipper 4,6).

Jesus bat im Ölgarten ganz konkret: „Vater, wenn du willst, nimm diesen Kelch von mir!" (Lukas 22,42). Er möchte, dass ihm nichts angetan wird. Aber er weiß auch schon, dass er wohl nicht erhört werden wird und dass der

Vater offenkundig etwas anderes will als er selbst: „... nicht mein, sondern dein Wille soll geschehen“, fügt er unmittelbar an seine Bitte an. Jesus *wünscht* sich, der Kelch möge an ihm vorübergehen, aber er *hofft und vertraut* auf den, der immer seine Verheißungen erfüllt.

Der Wunsch nach etwas geht über in die Hoffnung und das Vertrauen auf ein lebendiges Du.

„Bittet und es wird euch gegeben; sucht und ihr werdet finden; klopft an und es wird euch geöffnet!“ (Matthäus 7,7). Wenn wir uns nichts von der Zukunft erwarten, keine Wünsche und Hoffnungen haben, können wir schwerlich beten. Unser Beten erwächst aus dem Leben mit allem, was uns den Tag hindurch beschäftigt. Was immer unser Herz bewegt, es hat Platz im Gebet. Wenn ein Freund krank ist ..., wenn ich eine Reise antrete ..., wenn irgendwo Krieg herrscht ..., wenn ..., dann bete ich und nenne Gott meine ganz konkreten Anliegen.

* * *

Im Beten kommt es im Grunde nicht darauf an, welcher Kategorie das Gebet zugerechnet wird, ob es ein Lob-, ein Bitt- oder ein Dankgebet ist. Manchmal wurde uns beigebracht, dass das Bittgebet weiter unten stehe, es sei kein wirklich „edles“ Beten und habe einen egoistischen Beigeschmack. Doch das ist zu plakativ; denn auch in einer Bitte kann das Entscheidende mit enthalten sein: ein großer Glauben, ein festes Vertrauen, eine unerschütterliche

Hoffnung. Wir dürfen bitten! Wir können zu einem Baum sagen: „Entwurzle dich und verpflanz dich ins Meer!“ (Lukas 17,6); können bitten, dass ein Berg „von hier nach dort“ rückt (Matthäus 17,20), oder, wie Petrus, dass wir auf dem Wasser auf Jesus zulaufen können (vgl. Matthäus 14,28); wichtig ist, dass unser Glaube groß ist „wie ein Senfkorn“ (Matthäus 17,20). In den zitierten Beispielen werden Dinge genannt, die ebenso unnütz wie symbolträchtig sind. Ich habe mit eigenen Augen gesehen, wie Dinge geschehen sind, die man nicht für möglich gehalten hätte, „Bäume, die sich ins Meer verpflanzen“, „Berge, die wegrücken“, um im Bild zu bleiben.

* * *

Bittgebete mit wenig Glauben an den Gott, der seinen Verheißungen treu ist, sind wie Kinderbitten an den Weihnachtsmann: Wenn uns nicht geschenkt wird, was wir wollen, sind wir enttäuscht und verbittert. Bittgebete mit wenig Glauben sind mit Angst und Bangen verbunden, weil sich das Augenmerk auf die Sache, die erbetene Gabe richtet – und nicht auf den Geber. Im Grunde drehe ich mich dann nur um mich und meine Wünsche; etwas Narzisstisches liegt darin: Es ist wie ein Gebet vor dem Spiegel.

Im Beten „voller Glauben und Hoffnung“ haben Wünsche durchaus auch ihren Platz, sie müssen nicht einmal reduziert werden. Aber letztlich geht es darum, dem unser Vertrauen zu bekunden, der „aller guten Gaben Geber“ ist.

Das Augenmerk liegt nicht auf dem Baum, der sich ins Meer verpflanzen soll, sondern auf dem, der Bäume wachsen lässt und übers Wasser geht.

Der Weg des Betens führt vom Wunsch nach diesem und jenem zur Hoffnung auf ein lebendiges Du.

* * *

Es lohnt, sich die Zusage Jesu noch einmal näher anzusehen: „Bittet und es wird euch gegeben; sucht und ihr werdet finden; klopft an und es wird euch geöffnet!" (Matthäus 7,7). Sie steht fast wortgleich auch im Lukasevangelium: „Wer bittet, der empfängt; wer sucht, der findet; und wer anklopft, dem wird geöffnet" (Lukas 11,8).

1\. Zunächst fällt auf, dass in der Matthäus-Fassung die aktuelle Bitte mit einem künftigen Empfangen verbunden ist. „... es wird euch gegeben werden" – in der Zukunft. Ein Verfallsdatum gibt es nicht, die Zeit ist nach vorne hin offen, sie erstreckt sich vom jetzigen Augenblick bis in die Ewigkeit.

Wenn die Antwort auf sich warten lässt, kommt früher oder später die Frage auf: „Wie lange noch ...?" Der Psalmist betet in seiner Bedrängnis: „Gott, bleib doch nicht fern von mir! Mein Gott, eile mir zu Hilfe!" (Psalm 71,12). Die Not ruft *jetzt* nach Hilfe: Wann endlich kommt Gott? Hat er sich verspätet?

Es gibt diese „Zwischenzeiten": Da ist zuerst einmal unser Leben mit seinen Nöten, mit Leid und Schmerz, mit der Erfahrung der Abwesenheit Gottes, mit allem Auf und Ab. Unser Leben gleicht einem mit dem Wein des Schmerzes und der Freude gefüllten Kelch, der darauf wartet, gewandelt zu werden. Wie in der Gabenbereitung in der Eucharistiefeier: Wein und das Brot gehen dem Kommen Christi voraus. Diese Gaben, Zeichen für das, wovon wir auf Erden leben: von Brot und Liebe, weisen voraus auf das, was kommt. Und manchmal bekommen wir tatsächlich schon einen Vorgeschmack auf das Leben, das uns erwartet: im Empfangen der gewandelten Gaben, in der „Kommunion".

2. Bei Lukas *ist* die Zukunft schon gekommen: „Wer bittet, der empfängt; wer sucht, der findet ...". „Empfangen" und „finden" stehen im Präsenz. Damit bringt Lukas einen anderen Aspekt ins Spiel: Gott ist ein Zeitgenosse des Menschen, hier und heute ist er am Werk. Auf dem Terrain der Seele geht die Reise nicht in künftige Zeiten, sondern in andere, tiefere Dimensionen.

Jesus verwendet keine abstrakten substantivischen Begriffe, sondern Verben, und die erzählen von Geschehnissen, von Geschichten, von Erlebnissen mit Gott. Das Hier und Heute spricht von Gott, es wird „Theologie" im eigentlichen Sinne.

Suchen heißt Finden, Suchen ist Wachsen. Der bedeutende Kirchenlehrer Gregor von Nyssa († nach 394) schrieb: „Lehrt eure Seele, dass im unablässigen Suchen selbst, im ununterbrochenen Aufstieg selbst die eigentliche Freude über das Ersehnte liegt." Lernen wir, die Freude im Suchen zu finden!

3. Einen ausdrücklichen Hinweis wert ist der Wechsel von Aktiv und Passiv, die Verknüpfung von Geben und Empfangen: „Bittet und es wird euch gegeben." Im Aktiv steht das Tun des Menschen, das Passiv verweist auf das Handeln Gottes. So verbinden sich im Gebet Gegenwart und Zukunft, Endliches und Ewiges, Eroberung und Geschenk. Auch in unserem Bitten ist Gott mit am Werk: Wie wollte man die Hand Gottes und die Hände des Menschen unterscheiden? Gott steht auf der anderen Seite der Tür, und zugleich ist er auch in der Hand am Werk, die an die Tür klopft. Gott ist derjenige, *zu dem* gebetet wird; der Geist Gottes ist aber zugleich derjenige, *der* betet. Wir wenden uns an Gott mit dem Anruf: „Abba, Vater!", doch es ist Gott, der Heilige Geist, der in uns „Abba, Vater!" ruft. Objekt und Subjekt, der Vater und der Heilige Geist, treffen sich im Menschen, der zum „Mittler" wird für den dreifaltigen Gott, eine „Gelegenheit" zur innergöttlichen Liebe in Raum und Zeit.

Eine großartige Formulierung von Evagrius Ponticus ist wie ein Verstehensschlüssel für dieses Ineinander von Gnade und Freiheit, von Geschenk und Eroberung, von Mensch und Gott: „Wenn du beten willst, brauchst du Gott, der dem Betenden das Gebet schenkt." Wer zu beten versucht, wer beten möchte, der hat schon gefunden: Gott schenkt dem das Gebet, der zu beten beginnt. Suchen ist schon Finden. Der Wunsch zu beten ist schon Gebet. Gott ist schon da in unserem Suchen.

4. Die drei Verben, die Jesus verwendet, *bitten – suchen – anklopfen*, sind wie ein Crescendo. Um zu bitten, genügt ein Wort. Zum Suchen brauchen wir einen Weg oder ein Gebiet, wo wir suchen können. Das Anklopfen, von dem Jesus spricht, ist ein Klopfen an eine „Haustür", hinter der JEMAND wohnt. Nicht das ewige Schweigen antwortet. Vielmehr ist hinter der Tür eine liebevolle, zärtliche Präsenz. Das „Haus" kann dabei wie gesagt auch als mein Innerstes verstanden werden.

Bitten und suchen setzen einen Mangel, ein Fehlen voraus. Anklopfen impliziert den Glauben, dass da einer ist, der öffnen kann, der einen empfangen wird.

Wiederum geht die Bewegung von erbetenen und gesuchten Dingen hin zur gesuchten Person, zum göttlichen Du. Zum gemeinsamen Haus, wo Gott und Menschen miteinander wohnen. Das Haus steht für Brot und Liebe und für neues Leben, für ein Zuhause, in dem wir uns der Liebe und Wertschätzung vergewissern können. Liebevolle Augen blicken uns an, und der Blick sagt: Gut, dass du da bist!

Nur wer geliebt ist und liebt, *lebt* im vollen Sinne.

Wenn ich an die Tür klopfe, ich, ein Suchender, ein Bettelnder, dann bekunde ich meinerseits: Du hinter der Tür bist mir etwas wert; du bist mein Leben, meine Liebe.

Das Haus ist nicht mehr nur meines oder deines, sondern unser Haus. Aus dem Ich und dem Du wird ein Wir.

Beten heißt das Haus des Wir betreten.

Der Steigerung *bitten – suchen – anklopfen* entspricht die Steigerung *bekommen – finden – geöffnet bekommen*. Am Ende erwartet den Betenden die offene Tür, aus der Ewigkeit fällt Licht auf seinen Weg, Wege tun sich auf, die Welt erscheint in neuen Dimensionen. Der Beter ist eingeladen, über die Schwelle zu treten, in und aus der Gemeinschaft mit Gott zu leben.

Beten bringt weiter und lässt reifen. Es erinnert uns daran, dass es „mehr" gibt und dass unsere Heimat nicht im Vergänglichen liegt. Der Rhythmus des Gebets wird von einer unstillbaren Sehnsucht vorgegeben, die nie stillstehen lässt. Manchmal ist es ein einsamer Weg. Doch immer wieder weicht die Einsamkeit der Begegnung. Die Bilder der Evangelien sprechen für sich: *Tür, offene Tür, ein Haus mit vielen Wohnungen …* – alles sagt uns, dass wir erwartet und geliebt sind.

Zu Hause sind wir da, wo sich einer für den anderen öffnet; insofern ist die Tür selbst ein Symbol für unser Zuhause hier auf Erden.

Mehr noch: Selber Tür sein, dazu sind wir berufen, wie Maria, die „Himmelspforte", *ianua coeli*.

* * *

Das Gebet führt nicht zu etwas,
sondern zu einer offenen Tür, durch die Licht fällt.
Zu einem lebendigen Du führt es,
in eine Umarmung,
für die alle Umarmungen auf Erden nur Gleichnis sind.
Das Gebet lässt uns selber zur Tür werden:
zur Schwelle, an der es zur Begegnung kommt.

* * *

Ein letztes Hindernis muss noch angesprochen werden: Was tun, wenn wir den Eindruck haben, vor einer verschlossenen Tür zu stehen? Dann heißt es *immer wieder* anzuklopfen! Auch wenn wir den nicht sehen, der uns erwartet. Auch wenn wir noch so viel Geduld brauchen, wir dürfen sicher sein: Hinter der Tür ist nicht irgendetwas, dahinter sind Wärme und Freude, dahinter ist ein Freund, ein guter Vater.

Und dahinter werden wir uns selber finden.

Auch wenn wir noch nicht angekommen sind.

Auch wenn wir noch gar nicht anklopfen können, weil wir erst auf dem Weg sind wie der „verlorene Sohn“.

Auch wenn wir den Eindruck haben, die Tür bleibe verschlossen: Sie *wird* sich öffnen. Unser Weg endet nicht im Nichts, nicht in den Abgründen hinter den Säulen des Herkules, sondern in einer Umarmung. In den Armen dessen, der „Liebe“ heißt, der den Lauf der Gestirne lenkt und wie ein Hirte für uns sorgt, der mit uns Mahl halten will und kommt, um uns zu bedienen.

Und die Spatzen?

Was „Vorsehung“ bedeutet

„Verkauft man nicht fünf Spatzen für zwei Pfennige? Und doch ist nicht einer von ihnen vor Gott vergessen. Bei euch aber sind sogar die Haare auf dem Kopf alle gezählt. Fürchtet euch nicht! Ihr seid mehr wert als viele Spatzen.“

(Lukas 12,6f; vgl. Matthäus 10,29.31)

Was Jesus über die Spatzen sagt, wirft abermals die Frage auf: Wird Gott wirklich meine Bitten hören? Sorgt er tatsächlich für mich? Es ist eine gewaltige Frage, eine bedrängende, bohrende Frage für die Glaubenden, eine Frage, die an Gewissheiten nagen kann. Gibt es eine „göttliche Vorsehung“? Oder ist das nur eine Illusion? Oder doch eine legitime Hoffnung? Im vorigen Kapitel wurde dazu schon einiges gesagt, hier werden wir es mit anderen Akzenten wieder aufgreifen, wobei die eine oder andere Wiederholung nicht schaden dürfte.

Seit zweitausend Jahren beten Christen das Vaterunser, und immer noch fühlen sich Menschen alleingelassen, ohne dass Brüder und Schwestern (die sie doch haben müssten, wenn Gott unser Vater ist) sich um sie kümmern; immer noch fehlt vielen das tägliche Brot.

Seit zweitausend Jahren beten Christen das Magnifikat, doch immer noch sitzen Mächtige auf ihren Thronen und säen Tod und Verderben, immer noch werden Reiche reicher und kleben an ihrem Besitz, während Arme darben.

Und wer von uns hätte noch nicht die Erfahrung gemacht, dass er – vielleicht gar unter Tränen – gebetet hat, und die Antwort ist ausgeblieben?! Bringt es überhaupt etwas, Gott zu bitten?

Eine erste Antwort finden wir bei Meister Eckhart: „Gott kann nur sich selbst geben. Gott kann nicht weniger geben als sich selbst.“ Er gibt uns nicht direkt irgendwelche Dinge, Geld, Gesundheit oder die große Liebe. Er gibt uns den Heiligen Geist: „Wenn nun ihr, die ihr böse seid, euren Kindern gute Gaben zu geben wisst, wie viel mehr wird der Vater im Himmel *den Heiligen Geist* denen geben, die ihn bitten“ (Lukas 11,13).

Ein Gebet der Katharina von Siena zielt in dieselbe Richtung:

„O Abgrund, o tiefes Meer,
in dem ich mehr suche und noch mehr finde!
Und was hättest du mir mehr geben können
als dich selbst?
Du höchstes Gut, Glückseligkeit,
du Schönheit und Zierde, du Speise der Hungernden,

du in die Schönheit deiner Kreatur Verliebter,
herrlich bist du und ohne alle Bitterkeit."

Eine zweite Antwort entspringt der Gewissheit, dass Gott das Gebet aufnimmt und *sich zu eigen macht*. Das ist etwas anderes und mehr, als es zu erhören. Manches Mal, je viele Male erhört er es nicht. Aber er nimmt es auf, macht es sich zu eigen. So sehr, dass im Wort eines Menschen die Stimme Gottes erklingen kann: „Siehe, ich lege meine Worte in deinen Mund", sagt er zum Propheten Jeremia (Jeremia 1,9). Auch in den Psalmen ist das Wort eines Menschen untrennbar mit dem Gottes Wort verflochten. Gott identifiziert sich mit unserem Rufen. An anderer Stelle sagten wir schon: Wir können unseren Schrei wiederfinden im Schrei des Gekreuzigten, in dem Gott selbst zu Hiob geworden ist.

Eine dritte Antwort finden wir in dem zitierten Bonhoeffer-Wort, dass Gott nicht immer unsere Wünsche erfülle, wohl aber seine Verheißungen.

Eine Verheißung, die hier und heute in Erfüllung geht, ist das, was wir „Vorsehung" nennen können: Verheißung, die Gegenwart wird durch das Wirken des Heiligen Geistes. Er lässt die Initialzündung, das Gründungsereignis unseres Glaubens neu lebendig werden: Gottes Kommen in die Welt. Mit seiner Menschwerdung in der Kraft des Geistes ist etwas ganz Neues in die Welt gekommen. Und dieser Geist wirkt auch in uns als schöpferische Energie, als Kraft in meiner Kraft, als Sehnsucht in meinem Sehnen, als Atem meines Atems. Es ist dieses das „Christusereignis" aktualisierende Wirken des Geistes, das wir als Vorsehung bezeichnen.

* * *

„Vielmehr sucht sein Reich; dann wird euch das andere dazugegeben" (Lukas 12,31), verheißt Jesus.

Wir sollen Jesus Christus suchen und das Gottesreich, das mit ihm gekommen, aber noch nicht vollendet ist.

Und indem ich Christus näherkomme, wird mir die göttliche Vorsehung zuteil. Sie liegt in jener mächtigen Energie, die den Samen des Wortes aufgehen lässt. Sie bricht die Erde auf, sie keimt und wächst zur Ähre, zum vollen Korn. Es ist die Kraft des „Gründungsereignisses", jene Kraft, die mit Jesus in die Welt gekommen ist, die da weiterwirkt.

Darum ist es so wichtig, dass wir uns diesem Jesus und seinem Leben immer wieder zuwenden. Suchen wir ihn auf, um das Potenzial zu erkennen und fruchtbar werden zu lassen, das in seinem Leben, seiner Botschaft, seinen Taten, seinem Geschick steckt: Es bringt Leben hervor und befreit.

Die Vorsehung ist also weder eine Serie kleiner göttlicher Eingriffe oder „pünktlicher Interventionen", noch eine Zusatzdosis, die das Leben reicher machen würde. Mit Vorsehung ist auch nicht eine erhoffte Heilung gemeint oder ein unverhofft geschenkter Tag. Sie liegt vielmehr in jenen Kräften des Menschen, die allein aus der Verbundenheit mit Christus, mit Gott erwachsen; sie ist verborgen da in der Kraft dieser Gemeinschaft, dieser Einheit: in der Verbindung von meinen Kräften und Gottes Kraft.

Ich habe nie verstanden und werde auch nie verstehen, was es bedeuten soll, wenn gesagt wird: „... der Mensch allein mit seinen eigenen Kräften“ oder „allein aus eigener Kraft“. Wie sollte es so etwas geben? Der Atem des Menschen kommt doch immer schon vom Atem Gottes her, von seiner *ruah* (= Atem, Geist; vgl. Genesis 2,7). Der Horizont, auf den wir zugehen, die Sehnsucht, die uns beseelt, der Wille, der Entscheidungen trifft, das alles ist nicht fern und getrennt von Gott. Gott ist in irgendeiner Weise mit dabei. Ich bin mit ihm zusammen am Werk, wie der Leib mit der Seele zusammenwirkt. Er handelt mit mir zusammen, wie die Seele den Körper beseelt. Gottes Wirken und das des Menschen gehen Hand in Hand in unserem Tun. Wir können ihn mehr oder weniger zum Zug kommen lassen, aber ohne ihn könnten wir nichts vollbringen.

Die Vorsehung ist wie gesagt in jener Energie verborgen, die Leben hervorbringt, sie begegnet mir in jedem Herzschlag, den ich wahrnehme, sie liegt jedem Schritt zugrunde, den ich gehe. Sie ist etwas, das nicht von mir abhängt, sondern mir von anderswoher zukommt. Hinter der Gabe steht der Geber: Der Mensch hat sich die Quelle der Kraft nicht selbst gegeben. Die Vorsehung ist da am Werk, wo diese dem Menschen geschenkte Quelle neu aufbricht, wo sie von Sand und Schlamm befreit wieder frisch hervorsprudeln kann. Sie ist da am Werk, wo der glimmende

Docht neu aufflammt, wo das „Gründungsereignis" wieder lebendig wird: überall da, wo Christus heute in uns zu leben beginnt, er, der wie niemand sonst Liebe ist.

* * *

Wir leben aus der Zuversicht, dass Gott Sorge für uns trägt. Aber was ist mit all den Dingen, die uns in unserem Leben fehlen, die uns abgehen?

Auch sie sind in gewisser Weise „Vorsehung"! Denn gerade durch ihr Fehlen sorgen sie dafür, dass wir uns offenhalten für mehr, für etwas, das uns übersteigt, für „den ganz ANDEREN": für Gott. Was mir fehlt, was mir abgeht, das verweist mich auf ihn; es wird zum Ruf nach ihm. Am Mangel entzündet sich der Wunsch.

Gott, der Absolute, wird uns nicht davon befreien. Es wird uns immer etwas fehlen, ein Tropfen, ein Quäntchen Glück, ein wenig an Kraft oder an Gesundheit. Es gehört zum Leben, dies auszuhalten, so gut wir es vermögen, und zu unternehmen, was möglich ist. Nicht zuletzt sollten wir achtsam bleiben, wach gerade für diese Momente. Denn häufig kommt gerade da das Absolute ins Blickfeld. Nicht als „Lückenbüßer", der das auffüllen würde oder wettmachen sollte, was fehlt. Sondern als Verweis auf eine andere Dimension: auf die Quelle, der alles entspringt, auf das Geheimnis Gottes. Gerade das Unvollendete, das Fehlen, die bange Sorge, die Bedürftigkeit usw. können zur Bresche im Mauerring unserer Existenz werden. Gerade da können wir spüren, wie Gott mit uns zusammenwirkt.

Leben wir also bewusst unser Leben mit all seinen Defiziten und aller Sehnsucht. Wir sollten wissen, dass *immer* etwas an der Vollkommenheit fehlen wird, ein Tag, ein paar Schritte, ein Fragment. Wir sind nicht perfekt, wir sind nicht das Genie, das wir vielleicht gerne wären, wir sind nicht unsterblich, allen noch so verrückten Bemühungen zum Trotz: Wir sind es nicht.

Ich brauche keinen Gott, der dank seiner „Vorsehung" die Lücken ausfüllen würde. Ich liebe dieses Leben, wie es ist: ein unvollkommenes Leben mit seinen Grenzen, ein Leben voller Sehnsucht. Ich liebe den Menschen, wie ihn die Bibel uns vor Augen führt: einen, dem etwas fehlt, einen, dem Gott alle Tiere präsentiert, dass er ihnen einen Namen gebe, einen, dem auch dann noch etwas fehlt: eine Hilfe, die ihm gleich wäre (vgl. Genesis 2). Der Mensch ist so gemacht, dass er sich nicht genügt. Denn er ist gemacht nach Gottes Bild und Gleichnis.

Gott, so sagt unser christlicher Glaube, ist Einheit im Plural, eins und dreifaltig.

Auch der Mensch ist eine „plurale Einheit": Leib und Seele. Und Ebenbild Gottes.

Eine „plurale Einheit" ist auch die Beziehung von Mensch und Gott: Syn-ergie, Sin-fonie, eine „kon-spirative Gemeinschaft" im wörtlichen Sinne: Wir atmen (*spirare*) gemeinsam, wir atmen, und Gott, der uns den Atem eingehaucht hat (er kommt zuerst!), atmet in uns.

Als seine „konspirativen Bündnispartner" sind wir gerufen, verbunden mit ihm die Geschichte zu prägen.

Auch im zwischenmenschlichen Bereich sind wir für die Beziehung, für den Bund geschaffen. „Das endlich ist Bein von meinem Bein und Fleisch von meinem Fleisch“ (Genesis 2,23), sagt der Mensch, als er ein Gegenüber bekommt. Gemeinschaft, Beziehung steht am Anfang der Bibel wie am Ende, im letzten Kapitel des letzten biblischen Buchs: „Der Geist und die Braut aber sagen: Komm! Wer hört, der rufe: Komm!“ Und der Bräutigam spricht: „Ja, ich komme bald.“

Die ganze Bibel erscheint als ein einziges großes Projekt der Gemeinschaft. Verletzungen sind Teil der Geschichte, und die Erfahrung von Uneinheit und Trennung tut weh. Aber alles soll, ja wird – so unsere Hoffnung – in eine erneuerte, vertiefte Gemeinschaft einmünden.

* * *

„Ich strebe mehr nach dem Geber als nach den Gaben.
Weniger das Band der Hoffnung
als vielmehr die Bande der Liebe
ziehen mich an ...

Nicht die Herrlichkeit erstrebe ich,
sondern die Umarmung des Verherrlichten.
Nicht weil ich das Leben ersehne,
sondern weil ich an den denke, der sein Leben gibt,
verzehre ich mich.
Nicht weil ich Freuden und dem Genuss
hinterherjagen würde,
atme ich schwer,
sondern wegen der Sehnsucht nach dem,
der die Freude bereitet,
steigen aus der Tiefe meines Herzens Tränen auf.

Nicht die Ruhe suche ich,
sondern das Antlitz dessen, der Ruhe schenkt,
zu schauen flehe ich.

Nicht nach den Speisen des himmlischen Hochzeitsmahls
verlangt es mich,
sondern das Verlangen nach dem Bräutigam
erfüllt mein Herz."

Gregor von Narek
(um 951–um 1003, armenischer Mönch und Mystiker)

Allmächtig wie die Liebe

Gottes Macht ist nicht wie die eines Ingenieurs, eines Chirurgen oder eines Vulkans. Gott ist allmächtig in der Liebe; das heißt er vermag nur, was die Liebe vermag. Somit hat auch die Vorsehung die Ausdrucksformen der Liebe, keine anderen.

Wir können uns die Vorsehung so ähnlich vorstellen wie die wohl tiefste Form menschlicher Liebe: die einer Mutter, die über ihr Kind wacht, über ein krankes, weinendes Kind, das um Hilfe ruft. Die Mutter ist da, hält seine Hand, leidet mit ihm, hängt an seinen Atemzügen. Sie steht dem Kind zur Seite, gibt ihm Kraft, wenn es nicht mehr kann, Mut, wenn es Angst hat, Trost, wenn es weint. Die Krankheit ist nicht einfach weg. Was sich freilich von Grund auf ändert, ist die Weise, wie das Kind mit der Krankheit umgeht bzw. fertig wird.

Die Mutter vermag nur, was die Liebe vermag, und das ist viel, sehr viel. Sie ist kein Arzt. Natürlich kann und soll auch der Arzt kommen, aber der Part der Mutter ist für das Kind wohl der wichtigste. Ähnlich wie diese Mutter, so vermag auch Gott nur das, was die Liebe vermag. (Wir könnten den Vergleich weiter ziehen: Auch hier gilt, dass der Arzt kommen kann und soll, aber es gibt eben auch eine andere Dimension!)

Das Wunder liegt nicht in einer eventuellen Heilung, sondern in der Kraft, so gegen das Übel zu kämpfen, dass es, selbst wenn es den Körper bezwingen sollte, nie den Sieg über den Menschen erringen wird. Wie auch immer,

Wunder gibt es, und zwar „mehr als genug", wie Michel de Certeau schreibt.

* * *

David Maria Turoldo hat in der Zeit der Krankheit beeindruckende Zeilen verfasst:

„Wir müssen mit all unserer Angst hoffen. Ich habe Gott nie um Heilung gebeten, nie. Sondern um die Kraft, das Übel zu ertragen, das ja. Wie oft habe ich ihn darum gebeten!"

Gottes Platz ist nicht zwischen Gesundheit und Krankheit (von wo aus er jene wiederherstellen und diese bezwingen müsste), sein Platz ist zwischen Vertrauen und Verzweiflung. Nicht die Zellen des Organismus sind seine Wirkungsstätte, sondern die Fasern der Angst, in denen sich, wie es in der Bibel anschaulich heißt, das „Wasserungeheuer" (vgl. Psalm 74,13) einnistet. Dort, im Widerschein unserer Tränen, wo wir mit der Verzweiflung kämpfen, *dort* nimmt Gott Wohnung.

Bei Turoldo heißt es weiter: „Gott muss mich nicht heilen. Er kann es nicht, er muss es nicht. Sonst wäre es aus mit dem freien Spiel: Adieu! Auf Wiedersehen, Freiheit, Gerechtigkeit und Liebe zu allen Menschen. Denn warum sollte er mich heilen und nicht das todgeweihte Kind, das heftigere Schmerzen hat, das noch kein Leben gelebt hat und sein Leben nicht leben können wird? Warum mich und nicht dieses Kind, dessen Schicksal Verzweiflung auslöst? Soll ich etwa Gott dafür danken, dass die Bombe nicht in mein Haus, sondern in das des Nachbarn einschlug? … dass es nicht meine, sondern seine Familie getroffen hat? Waren sie etwa weniger geliebt? Waren sie weniger Kinder Gottes?"

Gott ist wie eine Mutter an der Seite ihres kranken Kindes. Gott ist wie angenagelt an das Leid der Welt. Wie eine Mutter, die krank ist vor Liebe. Und er kann nichts anderes geben als sich selbst.

Vorsehung bedeutet, in uns jenen allerersten, fundamentalen Punkt „ganz am Anfang" wiederzufinden, d. h. uns als Geschöpf in Verbundenheit mit seinem Schöpfer zu wissen, der ihm seinen Atem eingehaucht hat; zu spüren, dass er unser Atem ist und wir „ihn atmen". Vorsehung bedeutet, neu vom Geist belebt zu werden, durch den dieser Jesus von Nazaret und von Golgota, der menschgewordene Gott, für uns zum Beginn neuen Lebens wird: Der Geist vermag in unserem Leben etwas von Jesu Leben aufkeimen zu lassen, in jedweder Situation; er ist die lebenspendende Kraft, die etwas vom Himmel auf das Stück Erde bringt, wo wir gerade sind.

Die Vorsehung ist wie der Wein, der sich in unser Wasser mischt – in der Eucharistie des Lebens, in der Messe für die Welt. In der Eucharistiefeier sind es ein paar Tropfen Wasser, die in den Kelch mit Wein gegeben werden: eine unscheinbare Geste von schwindelerregender Bedeutung; denn wie dieses Wasser mit dem Wein, so vereint sich unser Leben mit dem Leben Gottes.

Gott kann nicht weniger geben als sich selbst. Und er gibt sich uns.

Christentum ist Beziehung, Gemeinschaft ist der Sinn von allem. Beten heißt: aufs Neue die *ruah*, den Atem, den Geist Gottes atmen, mit Gott kon-spirieren.

Und sofort danach, mit derselben Dringlichkeit die Gemeinschaft der Menschen suchen! Dies ist für Gott nicht weniger wichtig, für Adam, den Menschen, ein Herzenswunsch, wie sein Wort an Eva zeigt: Du bist „Bein von meinem Bein und Fleisch von meinem Fleisch". Wie Adam sich Eva als „Seinesgleichen" zuwandte, sollen auch wir uns einem Du zuwenden, den vielen, ungezählten Menschen „wie du und ich". Gott gibt uns zahllose Menschen zu Gefährten, zahlreicher als die Sandkörner am Meer und die Sterne am Himmel, wie es in der Verheißung an Abraham heißt (vgl. Genesis 22,17). Mit allen sind wir verbunden; wie Abraham sind wir Umherziehende auf Wegen, die zum Menschen führen.

Darin liegt unsere Berufung, mit der die Bereitschaft einhergeht, ein Stück Himmel auf die Erde zu bringen. Die Erde lebt vom Himmel! Lassen wir darum die Liebe kreisen, in der Kirche, dem „mystischen Leib Christi", wie in der Welt.

* * *

Herr, wenn ich hungrig bin,
gib mir jemanden, der zu essen braucht.
Wenn ich durstig bin,
gib mir jemanden, der Wasser braucht.

Wenn mir kalt ist,
gib mir jemanden, der Wärme braucht.
Wenn ich verletzt bin,
gib mir jemanden, der Trost braucht.
Wenn mein Kreuz schwer wird,
schick mir einen, dessen Kreuz ich mittragen kann.
Wenn Armut mich bedrückt,
führe mich zu einem, der Not leidet.

Eine Gnade müssen wir immer wieder von Gott erbitten: die Gnade „zu wissen, dass die anderen existieren“ (Simone Weil). Es ist eine wunderbare Gnade: Sie führt mich „auf die Seite der Vorsehung“.

Wenn wir von Ängsten beherrscht sind, finden wir schwerlich die richtige Beziehung zu den anderen: Wir meinen, uns ihrer bemächtigen zu müssen, damit unser Ich, um das sich alles dreht, keinen Schaden nimmt. Wir fürchten, dass sie uns etwas wegnehmen könnten. Oder wir bedienen uns der anderen, um uns abzulenken.

Wenn wir dagegen im Einklang mit der Vorsehung leben und uns die Hoffnung nicht nehmen lassen, dann wirkt sich das unmittelbar auf die Wahrnehmung der anderen und die Beziehung zu ihnen aus: Wir werden staunen! Und wir überwinden zwei Versuchungen: die Versuchung der Angst, zu kurz zu kommen und Beute der anderen zu werden, sowie die Versuchung zu meinen, wir selbst wüssten, was gut für die anderen ist und was nicht. Welche Illusion: Wir würden sie nur von *ihrem* Weg abbringen.

Wenn der andere bei uns ankommen kann, dann wird das zur Ankunft Gottes selbst.

„Wo zwei oder drei in meinem Namen versammelt sind, da bin ich mitten unter ihnen“ (Matthäus 18,20), sagt Jesus. „... in meinem Namen“, das heißt verbunden, zusammengeschlossen im Sinne Gottes, in seinem großen Projekt: seinem Bund mit allem, was lebt, einem Bund, in dem alles vereint ist.

Wir sind gewissermaßen „die andere Hälfte“ Christi, sein „mystischer Leib“, und zwar dann, wenn wir im Einklang leben mit dem, was Jesus uns vorgelebt hat, wenn wir leben wie er. Jesus *war* das, was wir sein sollen, hier und heute. Was Jesus seinerzeit als Individuum getan, gesagt, gelebt hat, lebt fort, wirkt weiter im Leib Christi: in uns. Da, wo sein Leben – aus der Vergangenheit „befreit“ – hier und heute lebendig wird, ist er mitten unter uns.

Es macht auch den Wert und die Größe der Sakramente aus, dass sie eine Vergegenwärtigung von Jesus und seinem Wirken sind: Die Vergangenheit ist nicht tot!

Wo Jesu Leben und Wirken aus der Vergangenheit „befreit“ wird, da wird Gemeinschaft freigesetzt. Gemeinschaft steht am Anfang als Voraussetzung für seine Gegenwart: das Vereint-Sein in seinem Namen. Und Gemeinschaft ist das Ergebnis: „... da bin ich mitten unter ihnen“. Im Zentrum steht die Gemeinschaft, denn der Name, das Wesen dieses Jesus, dieses Mannes aus Galiläa, der für alle da war, ist „Liebe“.

„IHR SEID MEHR WERT ALS VIELE SPATZEN“

„Fürchtet euch nicht vor denen, die den Leib töten, die Seele aber nicht töten können, sondern fürchtet euch eher vor dem, der Seele und Leib in der Hölle verderben kann! Verkauft man nicht zwei Spatzen für einen Pfennig? Und doch fällt keiner von ihnen zur Erde ohne den Willen eures Vaters. Bei euch aber sind sogar die Haare auf dem Kopf alle gezählt. Fürchtet euch also nicht! Ihr seid mehr wert als viele Spatzen“ (Matthäus 10,28–31).

Ihr seid mehr wert als viele Spatzen“, sagt Jesus. Ihr habt euer Nest in den Händen Gottes.

Jedes Mal, wenn ich diese Worte höre, überkommen mich verschiedene Empfindungen: Ich bin gerührt und irritiert zugleich. Erfasse ich eigentlich, was da gesagt wird: dass dieser Gott sich um jeden Spatz sorgt, dass die Haare auf unserem Kopf alle gezählt sind? Es sind wunderschöne Bilder für die göttliche Vorsehung. Und doch fallen die Spatzen vom Himmel. Und doch sterben Kinder.

Nichts geschieht ohne den Willen des Vaters, sagt Jesus. Ist es dann etwa Gott, der den Flug der Spatzen beendet? Ist er es, der den Tod will?

* * *

Die Spatzen fallen vom Himmel, die Kleinen sterben, und Gott, was tut Gott?!

Gott durchlebt das Drama derer, die ihm am Herzen liegen. Ja, vieles, was geschieht, *ist* ein Drama. Es ist schlimm für uns. Aber auch für Gott. Was einem Menschen widerfährt, das ist für Jesus, als wäre es ihm widerfahren. „Was ihr für einen meiner geringsten Brüder getan habt, das habt ihr mir getan“ (Matthäus 25,40). Gott verbirgt sich im Menschen.

Ein Blick in den griechischen Originaltext zeigt, dass eine Stelle schlecht übersetzt ist. In der Übersetzung lautet Vers 29: „Und doch fällt keiner von ihnen zur Erde ohne den Willen eures Vaters.“ Von „Wollen“ ist im griechischen Text jedoch gar keine Rede! Es ist eher gemeint, dass es dem Vater im Himmel nicht entgeht. Er weiß darum. Er weiß um alles, auch um all das, was nicht seinem Willen entspricht. Und das ist wahrlich nicht wenig. Aller Hass zum Beispiel widerspricht dem, was Gott will.

Aber: Gott „weiß“. Er ist da, er steht an der Seite seiner Geschöpfe.

Viele Kreuze sind menschengemacht. Menschen errichten Kreuze, richten andere Menschen und Hoffnungen zugrunde. Gott weiß darum und lebt und leidet mit den Leidenden. Er ist da und sagt ein einziges Wort, ganz leise, ein Wort wie ein ganz kleiner Same, das doch die einzige Lösung enthält. Dieses Wort heißt „Auferstehung“.

Der Friedensnobelpreisträger Elie Wiesel (1928–2016) hat berichtet, wie die jüdischen Gefangenen im KZ wieder einmal die Hinrichtung von Mitgefangenen mitansehen mussten. Unter den drei Todeskandidaten war ein kleines Kind, „der Engel mit den traurigen Augen“. Die Verurteilten stiegen auf die Stühle, die Hälse wurden in die Schlinge geführt, die beiden Erwachsenen starben sofort, doch der leichte Junge lebte noch eine Weile, am Strick baumelnd, und starb einen langsamen, qualvollen Tod. Hinter sich hörte Elie Wiesel jemanden fragen: „Wo ist Gott?" Und er hört eine Stimme in sich antworten: „Wo er ist? Dort – dort hängt er, am Galgen ..."

Gewiss, Gott vermag alles. Aber als der, der Liebe ist: Er vermag alles, was die Liebe vermag. Es gibt eine Ohnmacht der Liebe: Sie hebt die Freiheit nicht auf, sie zwingt nicht. Gott ist da, am Galgen. Er holt das Kind nicht herunter. Er eliminiert nicht seine Mörder.

Gott kann Mut schenken. Er kann uns sagen, dass es mehr gibt als den Leib, der getötet wird. Er holt uns nicht aus dem Sturm, aber er gibt uns die Energie, die wir brauchen, um im Sturm weiterzurudern.

Gott wirke ungern Wunder, schrieb Johannes vom Kreuz. Wir gehen weiter unseren Weg in einer barbarischen und zugleich wunderbaren Welt, wunderbar nicht aufgrund göttlicher Wundertaten, auch wenn es diese gibt, sondern aufgrund des Wunders einer Hoffnung, die stärker ist als der Tod. Aufgrund der wunderbaren Tatsache, dass es Menschen gibt, die wissen, dass sie *immer* in Gottes Hand geborgen sind. Aufgrund des Wunders einer Liebe, die sich nie geschlagen gibt.

Ich fühle mich wie ein Spatz, der sein Nest in den Händen Gottes hat. Ja, es werden Stürme kommen und Nächte, Bedrängnis und Tod, aber ich weiß: Am Ende werde ich die bergenden Hände Gottes wiederfinden.

Paulus schreibt: „Ich bin gewiss: Weder Tod noch Leben, weder Engel noch Mächte, weder Gegenwärtiges noch Zukünftiges noch Gewalten, weder Höhe oder Tiefe noch irgendeine andere Kreatur können uns scheiden von der Liebe Gottes, die in Christus Jesus ist, unserem Herrn" (Römer 8,38f). Nichts, nicht einmal der Tod, kann uns von dieser Liebe trennen. Es gibt etwas, das noch mehr zählt als das Leben. Unmittelbar bevor er von der Sorge des himmlischen Vaters für die Spatzen spricht, sagt Jesus: „Fürchtet euch nicht vor denen, die den Leib töten, die Seele aber nicht töten können, sondern fürchtet euch eher vor dem, der Seele und Leib in der Hölle verderben kann!" (Matthäus 10,28).

Gott ist nicht wie jene Eltern, die sich bis zur Erschöpfung mühen, ihren Kindern alles Schwierige, alle Prüfungen und Misserfolge zu ersparen. Ihre Kinder werden schwerlich erwachsen, sie werden sich schwertun, das Leben mit all seinen Herausforderungen zu meistern und auf ein Ziel zuzugehen. Sie laufen Gefahr, bei der ersten Schwierigkeit aufzugeben und kein gesundes Selbstbewusstsein und Selbstwertgefühl zu entwickeln.

Gott ist mit uns, aber er ersetzt uns nicht.

„Fürchtet euch nicht vor denen, die den Leib töten, die Seele aber nicht töten können ..." Schlimmer als der Verlust des Lebens ist es, nichts zu haben, für das es sich lohnen würde, das Leben zu geben. „Fürchtet euch eher vor dem, der Seele und Leib in der Hölle verderben kann!" Was wäre eher imstande, die Seele zu verderben, als eine sterile Gleichgültigkeit und Oberflächlichkeit, als der Kult um Vergängliches, als eine Kultur des schönen Scheins?

Unsere Seele ist gefährdet, sie kann zugrundegehen, wenn wir nicht mit dem Herzen bei der Sache sind, wenn wir scheinheilig agieren, wenn wir anderen den Mut nehmen, wenn wir Ideale lächerlich machen, wenn uns aller Sinn für Schönheit und Poesie abgeht und wir für Verliebte und Dichter nur ein müdes Lächeln übrighaben.

Gleichgültigkeit tötet; die Seele gleichgültiger Menschen erstirbt. Es sind Menschen, die weder heiß noch kalt sind, weder Christen noch „Heiden".

Vielleicht genügen zwei Dinge, um innerlich lebendig zu sein: die Liebe zu jemandem und die Neugier, das Interesse an der Welt, an Kunst und Wissenschaft, an Mensch und Natur.

„Wir wissen, dass wir aus dem Tod in das Leben hinübergegangen sind, weil wir die (Schwestern und) Brüder lieben", heißt es im 1. Johannesbrief (3,14). Halten wir unsere Seele lebendig! Halten wir den Glauben daran lebendig, dass es möglich ist, in einer Welt, die leidenschaftlich nach Leben sucht, lebendig zu bleiben.

Unermüdlich beten

Oder: Kämpfen gehört dazu

„Jesus sagte ihnen durch ein Gleichnis, dass sie allezeit beten und darin nicht nachlassen sollten“ (Lukas 18,1).

Beten, ohne darin nachzulassen, „unermüdlich“ beten, das ist das Schlüsselwort in diesem Vers. Doch wie schwierig ist es, darin nicht müde zu werden. Wir sind wie Mose, dem die zum Gebet erhobenen Hände schwer wurden (vgl. Exodus 17,12). Wir kennen womöglich auch die Erfahrung, dass Gott uns manchmal ermüdet, dass Beten ermüdet (bisweilen kann auch die eigene Familie einen ermüden, vielleicht sogar das Leben selbst).

„Unermüdlich“, „ohne nachzulassen“ sind recht schwache Übersetzungen des griechischen Originals. Dieses bezeichnet das Aufgeben eines Soldaten im Kampf, das Niederlegen der Waffen. Wir sollen also beim Beten nicht kapitulieren oder desertieren, uns nicht von Angst und Schwäche besiegen lassen. Das Bild macht deutlich, dass Beten mehr ist als eine nach oben gerichtete Bitte, mehr als das Flehen von Kindern: Beten ist eine sehr ernste Angelegenheit, die Mut und Kraft erfordert. Und wir begreifen, dass wir auf die Kraft „von oben" angewiesen sind: Gott selbst muss uns zu Hilfe kommen.

Beten ist auch innerer Kampf: der Kampf, dass die Liebe über den Hass siegt, dass die Vergebung die Rachegelüste überwindet, dass wir Wege finden und mutige Schritte gehen, um Menschen in ihrer Einsamkeit nahe zu sein.

Das Gebet kann selbst ein Kampf mit Gott sein wie der des Jakob mit dem Engel (vgl. Genesis 32,23–32) oder Moses Kampf mit Gott auf dem Weg nach Ägypten (vgl. Exodus 4,24). Da ist Gott unser Gegner. Nicht unser Feind: So wird der Teufel genannt, der, der unseren Tod will. Feinde sinnen auf Vernichtung; Gegner messen sich, stehen sich gegenüber, sind einander zugewandt, ringen miteinander. Wir dürfen Gott herausfordern. Wir dürfen ihm sagen: „Dein Antlitz will ich sehen!" Nicht Verbote geben uns Christen das Maß unseres Handelns und Verlangens vor, vielmehr messen wir uns mit Gott, erkunden, was möglich ist!

Was es heißt, sich mit Gott auseinanderzusetzen, das zeigen uns die Propheten. Sie fordern Gott und den Himmel heraus, dass sie ihr Schweigen brechen: Den Himmel soll Gott zerreißen und herabsteigen (vgl. Jesaja 63,19)!

Beten heißt, sich wie Mose mit erhobenen Händen an Gott zu klammern, ihn zu bestürmen. Beten heißt, wie Jesus sagt, bitten, suchen, anklopfen, mit derselben Hartnäckigkeit, wie sie die Witwe vor dem ungerechten Richter an den Tag legt (vgl. Lukas 18,2–8).

Wir sollen beten, ohne das Kämpfen aufzugeben. Leben, Wahrheit, Liebe und Freiheit sind nicht um einen billigen Preis zu haben; sie gehören denen, die mutig und furchtlos darum kämpfen.

* * *

Ich habe einmal einen belgischen Trappistenmönch gefragt: „Was müssen wir tun, wenn wir Gottes müde werden? Oder sind Sie seiner nie müde?“ Er blickte mich mit seinen großen, gütigen Augen an und sagte: „Sieh, es ist wie am Palmsonntag, beim Einzug Jesu in Jerusalem. Da sind Leute, die singen, Leute, die ihre Mäntel vor ihm ausbreiten, Leute ganz vorne und andere, die Mühe haben mitzukommen, ganz am Ende des Zugs. Und dann ist da noch der Esel. Er muss sich mehr als alle anderen abmühen, denn er trägt Jesus. Er spürt die ganze Last dieses Weges. Er spürt die Last Gottes. Aber er ist Jesus am nächsten. Wenn der Weg mühsam ist, wenn wir müde sind und die Last Gottes spüren, sind wir vielleicht Jesus besonders nahe, wie dieser Esel. Wir tragen seine Last. Wichtig ist, dass wir weitergehen: Jerusalem ist ganz nah!“

Es ist ein berührender Vergleich. Aber das letzte Wort: „ganz nah“, stimmt das? Manchmal haben wir den Eindruck, das Ziel liege in weiter Ferne …

Die gleiche Frage stellt sich bei dem, was Jesus im Anschluss an das Gleichnis von der Witwe und dem Richter sagt: „Sollte Gott seinen Auserwählten, die Tag und Nacht zu ihm schreien, nicht zu ihrem Recht verhelfen, sondern bei ihnen zögern? Ich sage euch: Er wird ihnen unverzüglich ihr Recht verschaffen“ (Lukas 18,7f). „Unverzüglich“? Macht es uns nicht oft am meisten zu schaffen, dass Gott so lange auf sich warten lässt? Wir schicken unsere Gebete zum Himmel, und es kommt keine Antwort. Das Warten zieht sich hin: Wie lange noch? Wie sollen wir „die Verspätung Gottes“ deuten? Warum setzt er den Kriegen kein Ende? Warum bewahrt er Menschen nicht vor verheerenden Krankheiten und Epidemien? Warum lässt er zu, dass Unschuldige sterben? Warum bewegt er Verbrecher nicht zur Umkehr?

All diese „Warum?“ bohren in uns, sie können uns beim Beten müde werden lassen.

Eine Antwort liegt in diesem Wort: „Betet, ohne die Waffen niederzulegen!“ Betet *und kämpft*!

Sodann könnte uns aufgehen, dass wir lernen müssen, *unsere eigene Verspätung* wahrzunehmen. Könnten wir nicht schon längst etwas tun, uns mehr engagieren in „Kampf und Kontemplation“? Nicht wir werden die Welt retten, aber ohne uns wird sie auch nicht gerettet.

Wenn wir müde sind, dauert vieles länger, als es müsste. Wenn wir aufgeben und untreu werden, zieht sich das Kommen des Gottesreiches weiter hinaus.

Lernen wir neu, unseren Gott zu belästigen wie die Witwe den Richter, damit uns das Brot, die Nahrung nicht ausgeht, damit uns der tagtäglich erforderliche Mut nicht verlässt, damit es uns nicht an Liebe fehlt und auch nicht an einem prophetischen Blick auf die Welt. Statt uns in Gedanken über die „Verspätung“ zu verlieren, sollten wir alles daransetzen, dass ein neuer Morgen anbricht und unser Erlöser kommt. Wir können Zeichen setzen und in Wort und Tat mithelfen, die Unmenschlichkeit (auch bei uns selbst!) zu überwinden.

* * *

Herr, wenn ich keine Zeit habe,
gib mir jemanden, dem ich helfen kann,
zumindest einen Moment lang.
Wenn ich herabgesetzt und gedemütigt werde,
gib mir jemanden, den ich würdigen kann.
Wenn ich mutlos bin,
schick mir jemanden, dem ich Mut machen kann.
Wenn ich Verständnis brauche,
gib mir jemanden, der mein Verständnis braucht.
Und wenn ich nur an mich denke,
lenke meine Gedanken hin zu dir.

x) Menschen auf der Flucht! „Sie warfen ihre toten Kinder weg wie Müll!“

Die beiden folgenden Kapitel sind zwei besonderen Gebeten gewidmet, zwei „Cantica“, psalmartigen biblischen Gesängen aus anderen Büchern als dem Psalmenbuch: dem Magnifikat (dem Lobgesang Marias) und dem Benedictus (dem Lobgesang des Zacharias).

Das Magnifikat und das Benedictus sind Bestandteile des kirchlichen Stundengebets, das sich – anknüpfend an die jüdische Tradition, sich dreimal täglich zum Gebet zu versammeln – im Laufe der Jahrhunderte zu seiner heutigen Form weiterentwickelt hat. Im Stundengebet wird der Rhythmus der Zeit aufgegriffen: An den Eckpunkten des Tages wird in Lob und Bitte die Verbindung mit Gott gesucht, dem der ganze Tag, das ganze Leben des Einzelnen wie der Gemeinschaft der Glaubenden gehören sollen.

Die Praxis des Stundengebets kennen die meisten christlichen Konfessionen. Es verbindet Christen aller Zeiten über alle Grenzen hinweg und kann eine Hilfe sein, Beten und Leben zusammenzubringen. So wird auch im Zweiten Vatikanischen Konzil „die Heiligung des Tages“ als Ziel des Stundengebets bezeichnet (vgl. Sacrosanctum Concilium 88).

In der katholischen wie in der evangelischen Tradition ist das Magnifikat Teil des Morgengebets, das Benedictus Teil des Abendgebets: Diese beiden neutestamentlichen Lobgesänge haben einen wichtigen, festen Platz im tagtäglichen Beten der Christen. Und in ihnen steckt mehr, als uns bewusst sein mag …

Marias Lobgesang

Das Magnifikat ist eingebettet in eine Begegnungsgeschichte. Marias Lobgesang geht die Begegnung mit Elisabet voraus:

„In diesen Tagen machte sich Maria auf den Weg und eilte in eine Stadt im Bergland von Judäa. Sie ging in das Haus des Zacharias und begrüßte Elisabet. Und es geschah, als Elisabet den Gruß Marias hörte, hüpfte das Kind in ihrem Leib. Da wurde Elisabet vom Heiligen Geist erfüllt und rief mit lauter Stimme:

Gesegnet bist du unter den Frauen und gesegnet ist die Frucht deines Leibes. Wer bin ich, dass die Mutter meines Herrn zu mir kommt? Denn siehe, in dem Augenblick, als ich deinen Gruß hörte, hüpfte das Kind vor Freude in meinem Leib. Und selig, die geglaubt hat, dass sich erfüllt, was der Herr ihr sagen ließ“ (Lukas 1,39–45).

Eine Begegnung

Am Anfang dieses Abschnitts aus dem Lukasevangelium steht die Begegnung zweier Frauen, die ein Kind erwarten. Nirgendwo sonst in den Evangelien findet sich eine weitere Episode, in der zwei Frauen die Protagonisten sind: Diese Stelle ist eine einzigartige Perle, in der uns Lukas zwei ganz besonderen Müttern begegnen lässt, die ein Kind erwarten. Sie erscheinen, bildlich gesprochen, wie zwei „Heiligtümer", wie ein Haus Gottes und Haus der Menschheit, erfüllt von Gott und voller Zukunft.

Zwischen Gott, dem Urheber allen Lebens, der das Leben liebt, und der schwangeren Frau, die neues Leben in sich trägt und bald gebären wird, gibt es eine ganz eigene Verbindung: Beide stehen für das „Evangelium des Lebens", für die frohe Botschaft vom Leben. Eine wahrscheinlich sogar etymologische Verbindung besteht auch zwischen dem griechischen Wort für „Herr", *kyrios*, und dem Verb *kyein*, schwanger sein: Gott ist Kyrios, weil er voller Leben ist und Leben hervorbringt, weil er Leben schenkt und das Leben schützt. Die Frauen haben schon insofern einen besonderen Platz in der Heilsgeschichte, als sie eine „natürliche Prophetie" in sich tragen: eben die frohe Botschaft vom Leben.

Die Bezeichnung „Kyrios – Herr" steht nur dem zu, der liebender Urgrund des Lebens ist, der Leben mehrt, erhält und weiterschenkt. Jesus hat Teil an *dieser* „Herrschaft", auch er ist Kyrios, denn er ist gekommen, damit wir „das Leben haben und es in Fülle haben" (Johannes 10,10).

Jede Mutter zeigt und verkörpert etwas vom Antlitz dieses Gottes. Das Leben selbst ist frohe Botschaft, eine Offenbarung, Licht. Im Johannesprolog heißt es: „Das Leben war das Licht der Menschen“ (Johannes 1,4). So ungewöhnlich es scheinen mag, eigentlich ist es nicht verwunderlich, dass zwei werdende Mütter als erste über Jesus weissagen: Jede Geburt ist eine Prophetie, eine Offenbarung.

Die Begegnung ereignet sich in einem Haus, das zum Ort eines Wunders und zugleich einer Strafe geworden ist: Die betagte Elisabet ist schwanger, dem Priester Zacharias hat es die Sprache verschlagen, weil er nicht geglaubt hat. Zwei ältere, völlig überraschte Menschen stehen vor uns auf der Bühne der neuen Zeit. Elisabet hat sich lange geschämt; fünf Monate hat sie die Schwangerschaft verschweigen können, erst allmählich ist die Scham dem Staunen gewichen. Als sie, die meinte, unfruchtbar zu sein, merkte, dass sie ein Kind erwartete, versteckte sie sich zunächst; ihr muss ganz schwindlig gewesen sein: Unglaubliches war geschehen, etwas, was „nicht menschenmöglich“ ist! In der Stille fand sie dann zum Glauben. Und Zacharias sollte entdecken, dass Schweigen wortlose Liebe sein kann.

Als Elisabet dann so weit ist, dass sie sich voll Freude zeigen kann, begegnet sie Maria, einer anderen, ebenfalls auf unmögliche Weise schwanger gewordenen Frau: „himmelsschwanger“ und erfüllt von ungeheuren Worten eines Engels. Wieder etwas, was über das Menschenmögliche hinausgeht.

Wo auf so wunderbare Weise neues Leben wächst, kommt unwillkürlich überschwänglicher Jubel auf. Die beiden Frauen haben ganz persönlich etwas vom Evangelium des Lebens erlebt; sie haben gesehen, wie Unmögliches wahr wird. „Für Gott ist nichts unmöglich" (Lukas 1,37), hatte der Engel gesagt.

Das ist der Hintergrund von Marias Lobgesang:

„Meine Seele preist die Größe des Herrn
und mein Geist jubelt über Gott, meinen Retter."

(Lukas 1,46f)

Ich suche in meinem Herzen
die schönsten Worte für meinen Gott,
die Seele singt für meinen Geliebten.

Das Magnifikat zelebriert das Unmögliche, das da geschehen ist. Der, dem sich das gewaltige All mit seinen unzähligen Galaxien und Sonnen verdankt, der, der im Feuer seine Weisungen in Stein meißelte, der, für den David bis zur Erschöpfung getanzt hat, für den Salomo ein goldenes Haus errichtete, der, dem die Propheten geklagt und gesungen haben, dieser, der Herr, der nicht aufhört, in Erstaunen zu versetzen, tritt ein in die Geschichte und wird Mensch.

Maria singt ihr Loblied auf das wunderbare Wirken Gottes; Zacharias preist den Herrn im Benedictus; Elisabet kommt eine spontane Seligpreisung über die Lippen (die erste im Evangelium!); das Kind in ihrem Schoß beginnt zu tanzen. Die ganze Szene ist erfüllt von Poesie und Dankbarkeit.

Maria recht verehren heißt einstimmen in diese Freude über den Gott des Lebens.

Ein Lied

Die ersten „christlichen Gesänge“, das heißt jene, die wir am Anfang der Evangelien (bei Matthäus und Lukas) finden, stehen alle in einer Verbindung mit Maria: das *Magnifikat*, das *Ave Maria* (der erste Teil: der Gruß des Engels), das *Benedictus* des Zacharias, das *Gloria* der Engel in Betlehem, *der Lobgesang des Simeon*. Es sind die ersten Gesänge der Evangelien und der Kirche.

Marias Magnifikat kann uns inspirieren und zeigen, wie wir zu Gott beten und ihn preisen können, wie wir ihm unser Herz ausschütten und unser Beten mit Leben und Zukunft füllen können. Es ist ein Lied, in dem die Geschichte wie auch die kommenden Generationen in den Blick kommen.

„Denn auf die Niedrigkeit seiner Magd
hat er geschaut.
Siehe, von nun an preisen mich selig alle Geschlechter.“
(Lukas 1,48)

Er hat mein Leben
zu einem Ort seines wunderbaren Wirkens gemacht,
zu einem Tempel, in dem er wohnen will,
einem staunenswerten heiligen Ort.

Staunen ist der Boden, aus dem das Magnifikat erwächst. Maria hat eine Ahnung von Gott und seinem Wirken bekommen. Sie hat eine gute Nachricht, eine frohe Botschaft zu verkünden; freudig erzählt sie von einem Gott, der Wunderbares vollbringt.

Maria zeigt uns, dass Religion mit Glück zu tun haben kann, ja eigentlich muss. Sie erinnert uns daran, dass im Staunen-Können eine Quelle der Freude liegt. Sie ermutigt uns zu sehen, was die Hand Gottes in unserem Leben wie in der weiten Welt vollbringt, und staunend wahrzunehmen, wie er neues Leben aufkeimen lässt. Maria weiß aus eigener Erfahrung, dass Gott das Leben und die Freude will. Bei der Hochzeit zu Kana sollte sie erleben, wie die steinernen Wasserkrüge mit bestem Wein gefüllt werden. Ja, Gott ist einer, der im Morgengrauen eine Ahnung vom anbrechenden Tag schenkt, einer, der uns allen Grund zur Freude gibt.

Er hat mich angeschaut, die ich nichts bin:
Hofft mit mir, seid glücklich mit mir,
ihr alle, die ihr mich hört!
Großes geschieht mit mir,
Dinge, die für mich unmöglich sind.
Er vermag auch das Unmögliche,
er allein, er, der Heilige.

Maria hat die frohe Botschaft verstanden und kann davon nur singen. Jubel und Freude kommen durch kein Gesetzbuch auf, durch keine Offenbarung neuer Lebensregeln oder durch irgendwelche moralischen Weisungen. Die frohe Botschaft, die Maria uns übermittelt, ist die Botschaft vom Verliebtsein Gottes: So sehr liegt ihm an uns Menschen, dass er sich selber hineinbegibt in unsere leidvolle Geschichte, in das Dickicht unseres Lebens. Von *diesem* Gott spricht Maria, auf ihm und dem, was *er* tut, liegt ihr ganzes Augenmerk. Zehn Mal sagt sie (und wir sind eingeladen, es mit ihr zu sagen):

Er hat geschaut ..., er hat getan ..., er hat vollbracht ... er hat erhoben ..., er hat beschenkt usw.

Das Magnifikat ist die frohe Botschaft, dass im Zentrum unseres Glaubens nicht das steht, was ich für Gott tue, sondern das, was Gott für mich tut. Nicht mein Verhalten steht im Zentrum, sondern Gottes Handeln, nicht Sollen und Pflicht, sondern sein Geschenk. Von den 14 Verben im Magnifikat haben zehn Gott als Subjekt, eines „alle Geschlechter", drei Maria. Gott steht im Mittelpunkt.

„Denn der Mächtige hat Großes an mir getan
und sein Name ist heilig.
Er erbarmt sich von Geschlecht zu Geschlecht
über alle, die ihn fürchten."

(Lukas 1,49f)

Heilig ist er und barmherzig, heilig und voller Güte,
mit dem Herzen einer Mutter wendet er sich allen zu,
wer immer es sei.

Die frohe Botschaft liegt nicht in der Offenbarung eines Geheimnisses, mit dem wir die Welt verbessern und der

Geschichte eine neue Wendung geben können (auch wenn dies indirekt mitgegeben ist), sondern darin, dass ein leidenschaftlicher Gott so sehr in die Menschen verliebt ist, dass diese ihm über alle Maßen wichtig sind. Das Magnifikat ist der Dekalog, das „Zehn-Wort" von diesem leidenschaftlich liebenden Gott.

„Er vollbringt mit seinem Arm machtvolle Taten:
Er zerstreut, die im Herzen voll Hochmut sind …"
(Lukas 1,51)

Er hat seine Kräfte mobilisert,
die Pläne der Starken und Mächtigen auf Eis gelegt.

Gott ist der große Akteur. Und dieser Gott sucht die Beziehung. Wesentlich im Christentum ist Gottes Beziehung zu mir, zu uns. Es ist eine absteigende Linie: vom Himmel zur Erde, nicht umgekehrt. Der Pfeiler, auf dem der Glaube ruht, ist nicht meine Pflicht, nicht mein Sollen und Müssen, sondern Gottes Geschenk. Wir können es uns nicht genug vergegenwärtigen: *Er* hat sich uns zugewandt, *er* lädt mich ein, mit seinem Atem zu atmen, seine Träume zu träumen, sein Leben zu leben.

Im Ersten Bund steht die Thora im Zentrum, und in deren Mitte stehen die Zehn Gebote, der Dekalog.

In dem „Dekalog", den Maria anstimmt, wird nicht aufgelistet, wie wir uns Gott und den Mitmenschen gegenüber verhalten sollen, sondern es wird von einem Gott erzählt, der für die Menschen da ist.[1] Wenn wir wie Maria darüber staunen lernen und uns auf Gottes Wirken einlassen, wenn wir „seine Träume mitträumen", wirkt das auch in unser Verhalten hinein. Ein Beispiel dafür ist ein weiterer „Dekalog": der aus dem Gleichnis vom barmherzigen Samariter, dessen Verhalten mit zehn Verben beschrieben wird: Er *sah* ihn, *hatte Mitleid*, [blieb stehen und] *ging zu ihm* hin, *goss* Öl auf seine Wunden, *verband* sie, *hob ihn auf* sein Reittier, *brachte ihn* zu einer Herberge, *sorgte* für ihn, *bezahlte* beim Wirt für ihn – und versprach, *später nachzuzahlen* (Lukas 10,30–37).[2] Es ist ein Dekalog für alle Glaubenden, ja für alle Menschen, die von einer Welt träumen, in der wir einander „Nächste" sind.

Ein Skandal

„Er stürzt die Mächtigen vom Thron
und erhöht die Niedrigen.
Die Hungernden beschenkt er mit seinen Gaben
und lässt die Reichen leer ausgehen."
(Lukas 1,52f)

Machtlos stehen da, die auf Macht und Gewalt setzen,
Die nichts zählen, sind geborgen in seiner Hand.

1 Die Ausrichtung auf *Gottes* Wirken ist natürlich nicht als Gegensatz zu den Zehn Geboten des Alten Testaments zu verstehen (vgl. Exodus 20,2-17; Deuteronomium 5,6-21); auch dort geht bekanntlich voraus, was Gott, der Herr, für sein Volk getan hat: „Ich bin JHWH, dein Gott, der dich aus Ägypten geführt hat, aus dem Sklavenhaus" (Anm. des Übersetzers).

2 Vgl. hierzu ausführlicher: Ermes Ronchi, Die nackten Fragen des Evangeliums, München, 6. Aufl. 2019, S. 142ff.

Das Magnifikat ist ein emotionsgeladenes Gebet voller Dramatik, eine Konfrontation zwischen der geschichtlichen Wirklichkeit und unseren Hoffnungen, zwischen der Welt, wie sie ist, und der Welt, wie sie sein könnte. Wo Gottes Kraft zum Zug kommt, kann sie explosive Situationen hervorbringen, neue Strukturen und neue zwischenmenschliche Beziehungen.

Maria besingt diese „Hoffnung gegen alle Hoffnung“ (Römer 4,18), sie singt gegen den Augenschein an, sie sagt, dass nicht Geld und Cleverness die Welt regieren werden und letztlich nicht die Mächtigen Geschichte machen, sondern die Hungernden und Demütigen.

Gott setzt ausgerechnet auf diejenigen, auf die die Welt nichts gibt, auf die Zu-kurz- und Unter-die-Räder-Gekommenen, heute würden wir ergänzen: auf jene, die mit den rasanten Entwicklungen unserer Zeit nicht mithalten können, die auf der Strecke geblieben sind und sich doch nach Leben sehnen.

Er hat die gesättigt, die nach Leben hungern,
und die Reichen sich selbst überlassen.
Deren Hände sind leer,
Schall und Rauch ist ihr Reichtum.

Es ist ein revolutionäres Gebet, ein revolutionäres Lied.

Der Stein des Anstoßes, die große Anfrage an den Glauben aber bleibt die Realität: Die Armen sind immer noch arm. Die Hungernden haben immer noch Hunger. Die Mächtigen sind immer noch an der Macht. Wo ist denn der Umsturz, der da besungen wird? Geht es heute, nach zwei Jahrtausenden, nicht immer noch so zu wie damals? Ist alles nur eine Illusion, eine Täuschung? Die Erde erstrahlt doch wirklich nicht in hellem Glanz, und dass alles gut sei, kann man wahrlich nicht behaupten. Christus ist gekommen, und es ist, als wäre er nicht gekommen. Wir haben oder könnten allen Grund haben, Anstoß zu nehmen.

Es ist, mit David Maria Turoldo gesprochen, „der Skandal der Hoffnung".

Leichten Herzens können wir den Refrain der Hoffnung ganz sicher nicht singen. Wir müssen der Frage nachgehen, in welchem Sinn die göttliche Verheißung *nicht* gescheitert ist.

Ich bin überzeugt, dass wir diese Verheißung tatsächlich aussprechen können, ohne dass die ganz andere Realität unsere Worte Lügen strafen würde! Warum?

Gewiss, immer noch sterben Menschen an Hunger, und das ist schlimm. Immer noch ... – Aber die Hoffnung ist stärker als die Fakten. Sie verkennt diese nicht, sie verschließt davor nicht die Augen, sondern sie nimmt sie in den Blick, lässt sie an sich heran, geht da hinein und erhebt die Stimme gegen das, was nicht in Ordnung ist. Hoffnung ist Kraft zum Widerspruch und zum Engagement.

Wenn ich an eine Welt glaube, in der Frieden herrscht, in der Gott alles in allen sein wird, in der die Schöpfung ihre schönsten Früchte hervorbringt, dann ist dies ganz sicher nicht das Ergebnis einer Analyse der geschichtlichen Wirklichkeit oder irgendeiner Wahrscheinlichkeitsrechnung.

Wenn ich glaube, dass die Nacht enden wird, so liegt es nicht daran, dass die Sonne bereits aufgegangen wäre.

Es liegt vielmehr daran, dass ich als Christ „ein Mensch des dritten Tages“ bin. „Am dritten Tag wird er [der Menschensohn] auferweckt werden“ (Matthäus 20,19). Selbst in der tiefsten Finsternis des Karfreitags kann ich das Herz und den Blick auf den winzigen Lichtstreifen am Horizont richten, so klein er auch sein mag. Ich weiß: Das Licht wird siegen.

Wenn ich mit Maria glaube, dass die Welt gewandelt werden wird, so liegt das nicht daran, dass ich mich in einer so oft blutgetränkten Geschichte auf die Suche nach (durchaus vorhandenen) positiven Zeichen gemacht habe, sondern an der göttlichen Verheißung: Gott selbst hat uns diese Zusage gegeben und verbürgt sich dafür. Und auf sein Versprechen hin fordern mutige, freie Menschen die Nacht heraus und finden sich nicht damit ab, dass die Welt den Kräften der Nacht gehören soll.

Die Verheißung Gottes ist für mich der entscheidende Punkt; daraus beziehe ich meine Kraft. Denn ich weiß: Gott mag zwar nicht all unsere Gebete erhören bzw. uns alle Wünsche erfüllen, wohl aber seine Verheißungen.

In manchen Übersetzungen werden Marias Aussagen über das Wirken Gottes in der Vergangenheitsform wiedergegeben. „Er hat die Mächtigen vom Thron gestürzt“ usw. Dies ist nicht in dem Sinne zu verstehen, dass sich Maria auf vergangene Ereignisse bezöge. Es ist vielmehr ein Verweis auf eine neue Zeit, die bereits angebrochen ist. Im Sinne des Rilke-Worts: „Die Zukunft zeigt sich in uns – lange bevor sie eintritt." Gott ist dabei zu handeln, und das Ergebnis ist sicher, so sicher wie die Vergangenheit. Ohne jeden Zweifel wird er neue Strukturen und neue zwischenmenschliche Beziehungen hervorbringen.

Die prophetische Rede durchbricht die zeitliche Ordnung und besingt eine jetzt schon (zumindest mit den „Augen des Herzens") erblickte Zukunft.

Die Hoffnung ist keine Illusion, wenn sie auf Gott setzt, der – und das ist von Anfang an gewiss – am Ende siegen wird. Maria hat den Mut, in ihrem Lobgesang den Triumph „der neuen Erde" vorwegzunehmen. Sie weiß, dass das, was noch nicht ist und worauf wir so sehr warten, auf jeden Fall kommen wird. Ihre Hoffnung ist eine hier und jetzt heranreifende Erwartung: Das kleine Senfkorn *wird* aufgehen und zu einem großen Baum werden (vgl. Lukas 13,19).

* * *

Marias prophetischer Lobgesang beinhaltet eine Art „Theologie des Umsturzes": Sie spricht von einem Gott, der die bestehenden Verhältnisse radikal umkehrt. Schon in vielen alttestamentlichen Episoden findet sich dieses Motiv. Aber die Weise, *wie* Gott wirkt, ist anders als in unseren Märchengeschichten, in denen eine Magd plötzlich Königin wird. Gott beseitigt nicht schlagartig die konkrete Armut, er setzt die Reichen und Angesehenen nicht einfach ab.

Marias Armut bleibt, ihre gesellschaftliche Stellung ändert sich nicht, und was ihr verheißen wird, ist alles andere als angenehm: „Deine Seele wird ein Schwert durchdringen" (Lukas 2,35). Und doch *singt* Maria ...

Wenn Jesus die Armen seligpreist, dann nicht, weil sie nun materiellen Reichtum bekämen. Besitz und Erfolg garantieren kein Glück, und mehr zu haben bedeutet nicht, dass einem mehr nach Singen zumute wäre. Innere Freude kommt viel eher da auf, wo wir in Beziehung mit anderen treten und uns auf nicht-alltägliche Weise mit anderen verbunden wissen. Und die Freude ist umso größer, je mehr wir imstande sind zu staunen. Glücklich, wer sagen kann: „Tag für Tag entdecke ich Dinge, über die ich nur staunen kann; mein Leben ist voller Wunder!" Glücklich, wer an die Zukunft glaubt, wer nicht bloß abwartet, was kommt, sondern mit an ihr baut. Für einen solchen Menschen gilt in der Tat: „Die Zukunft zeigt sich in uns – lange bevor sie eintritt."

Gottes Vorliebe für die Peripherien

Das Magnifikat ist ein Gebet, in dem *Gott* zu Wort kommt, in dem etwas über den *Menschen* ausgesagt wird und – zumindest indirekt – auch über *Maria*: Theologie, Anthropologie und Mariologie bündeln sich in diesem Lobgesang. Und der prophetische Blick auf das Gottesreich sagt etwas darüber, worauf wir Menschen zugehen; das „Himmelreich" ist nicht etwas bloß Jenseitiges, sondern betrifft diese unsere Welt. Es ist „im Kommen", überall, wo Leben in jeder Hinsicht und in allen Formen aufblüht.

Darum kann Gott nicht unparteiisch genau in der Mitte zwischen den Reichen und den Armen stehen. Er stellt sich auf die Seite der Armen, dorthin, wo das Leben bedroht ist. Er geht an die Ränder, entscheidet sich für die Peripherien, wählt den tiefsten Punkt, um dort in die Welt zu kommen. Maria hat das in ihrem Leben erfahren: „Auf die Niedrigkeit seiner Magd hat er geschaut ..." Und Jesus hat es in seiner „Antrittsrede" in der Synagoge von Nazaret in aller Deutlichkeit dargelegt:

> „[Ich bin] gesandt,
> damit ich den Armen eine frohe Botschaft bringe;
> damit ich den Gefangenen die Entlassung verkünde
> und den Blinden das Augenlicht;
> damit ich die Zerschlagenen in Freiheit setze."
>
> (Lukas 4,18)

Dies ist Gottes Motivation, der Grund für Jesu Sendung. Der Mensch ist verarmt, gefangen, erblindet, zerschlagen, unterdrückt. Gott ist einer von uns geworden und selbst „an den Rand" gegangen, um die an den Rändern vor den Türen der reichen Prasser zu sammeln und alle zusammenzuführen. Sein Anliegen ist es, dass die Geschichte nicht länger Arme, Blinde, Unterdrückte und Gefangene hervorbringt. Er möchte, dass Kinder, Frauen und Männer, dass alle Menschen Leben in Fülle haben. Er will, dass sie freie, „sehende“, frohe, liebende Menschen seien. Er ist wie gesagt gekommen, um die „frohe Botschaft des Lebens“ zu bringen.

Gott geht es nicht um sich selbst.

Gott hat nicht die Anbetung und Verherrlichung seiner selbst zum Ziel und Gipfel der Geschichte bestimmt. Nicht einmal, dass man ihn liebe.

Gottes Wunsch ist es, dass der Mensch heil, sehend und frei wird, einer, in dem die Liebe lebt.

Gott vergisst sich angesichts des „Objekts seiner Liebe“, er erlöst, macht heil – und tritt in den Hintergrund. Das ist seine größte Botschaft.

„Auf die Niedrigkeit seiner Magd hat er geschaut …“ – Maria ist die Frau der Peripherien: eine Frau aus Palästina, einer kleinen Randprovinz des Römischen Reiches, die weder Pilatus noch Quirinius gerne aufsuchten; eine Frau aus Galiläa, einer Randregion Palästinas, fast schon Syrien und fast schon „heidnisches Land“; eine Frau aus Nazaret, einem Dorf, das die Heiligen Schriften des jüdischen Volkes (unser Altes Testament) kein einziges Mal erwähnen; eine Frau in einer Gesellschaft, in der die Frauen keinen guten Stand hatten; eine *junge* Frau in einem Umfeld, in dem die Alten das Sagen hatten; womöglich eine Analphabetin in einer Religion, die in Ehren hält, was geschrieben steht. Ausnahmslos alle, auch „die ganz unten“, können sich in Maria wiederfinden. Wenn sie von Gott so reich beschenkt worden ist, dann kann er jeden Menschen beschenken. Keiner ist „weniger“ als sie: Sie ist unser aller Schwester.

Das Magnifikat lässt uns verstehen, welche Wege Gott bevorzugt. Und er ruft uns auf dieselben Wege: Wie er sollen wir „an den Rändern“ ansetzen, bei „unseren“ Benachteiligten, bei denen, die wir oder andere (dies spielt hier keine Rolle!) ausgegrenzt haben, mit denen wir eigentlich nichts zu tun haben wollen.

Gott erwartet uns da, wo wir niemals sein möchten.

Das Geheimnis der Hoffnung liegt genau darin, dass Gott nicht von oben in die Welt kommt, sondern von unten. Die „Perspektive von unten“ in der Hingabe für die Sache der Armen ist die richtige Perspektive für alle wahren Gläubigen.

Lebendige Erinnerung

„Er nimmt sich seines Knechtes Israel an
und denkt an sein Erbarmen,
das er unsern Vätern verheißen hat,
Abraham und seinen Nachkommen auf ewig.“
(Lukas 1,54f)

Denke daran, Herr, dass deine Liebe groß ist,
und vergiss nicht, dass du barmherzig bist.
Denn dies hast du versprochen,
damals dem Abraham. Und seinen Nachkommen.
Allen. Für immer.

Er nimmt sich seines Knechtes Israel an und denkt an sein Erbarmen …“, so lauten die letzten Verse in Marias Lobgesang. Es lohnt ein Blick in die griechische Originalfassung. Denn da steht nicht: „Er denkt …“ oder „Er erinnert sich …“, sondern der Infinitiv: „An das Erbarmen denken“, „Sich an das Erbarmen erinnern“, ohne jede syntaktische Verbindung, nicht konjugiert und ohne Präposition oder Konjunktion, losgelöst, wie ein Stichwort, fast wie ein Slogan, den jeder beherzigen kann: Gott. Wir. Alle. Jede Leserin und jeder Leser. Jeder Betende.

Sich erinnern …,
sich erinnern an die Barmherzigkeit!

In seiner Barmherzigkeit liegt die Vollkommenheit Gottes. Wir können das Magnifikat leben, indem wir barmherzig werden und mit einem Herzen voller Barmherzigkeit handeln. Darauf kommt es an! Alle anderen Wörter dürfen wir vergessen: „Sich erinnern an die Barmherzigkeit“, das genügt.

Der Heilige Geist hat die Aufgabe, die Jüngerinnen und Jünger an alle Worte Jesu zu erinnern (vgl. Johannes 14,26); Maria legt wie in einer Synthese den Gläubigen das Wort „Barmherzigkeit“ ans Herz.

* * *

Gibt es „heilige Momente" in *meinem* Leben?

Auf dem Lebensweg eines Menschen gibt es nicht nur Schwierigkeiten und Enttäuschungen. Es lohnt, sich diese anderen Momente in Erinnerung zu rufen, insbesondere die Augenblicke bzw. Erlebnisse, in denen uns eine Ahnung des Himmels geschenkt wurde. Augenblicke, in denen die Wüste ganz unerwartet wieder erblühte. In denen uns, wie vom Himmel geschickt, ein Freund zur Seite stand, als wir nicht mehr weiter wussten. Trübe Tage, an denen plötzlich der Himmel aufriss ... Gehen wir doch einmal bewusst auf die Suche nach solchen Augenblicken, in denen wir gespürt haben, dass wir nicht gefangen sind in der tragischen Enge der Immanenz, sondern dass da mehr ist: eine Liebe, die uns umfängt und begleitet, die trägt und immer wieder eine Überraschung bereithält.

Solche unverhofften Erfahrungen gibt es öfter, als uns vielleicht bewusst ist. Gehen wir auf die Suche, rufen wir sie uns in Erinnerung, nehmen wir sie zum Anlass für eine ganz persönliche „Eucharistie": für ein freudiges, existenzielles Danke in Richtung Himmel. Womöglich ging es uns wie den Israeliten in der Wüste mit dem Manna: Es hielt nur einen Tag, am Tag darauf war es verdorben, und sie brauchten wieder neue Nahrung. Aber das wunderbare Erlebnis konnte ihnen keiner nehmen. Auch in unserem Leben gibt es Dinge, die eine Quelle der Hoffnung sein können.

„Sich erinnern": ein Wort, das wir uns aus dem Magnifikat mitnehmen sollten! Ein wichtiges Wort, denn das Vergessen ist die Wurzel vieler Übel. Nehmen wir uns die Zeit, der Barmherzigkeit Gottes in unserem Leben nachzuspüren. Schauen wir in unser Leben hinein und entdecken wir „unsere Ikone des barmherzigen Gottes".

Dann wird in uns die Hoffnung aufkeimen, die Zukunft wird sich „in uns zeigen", und wir werden uns gedrängt fühlen, unsererseits an die Ränder zu gehen. Auch an die Peripherien des eigenen Herzens, dahin, wo es uns eigentlich nicht hinzieht.

Wir sind gerufen, eine lebendige Exegese des Magnifikats zu werden und das Staunen, die Barmherzigkeit, die Hoffnung auf die Zukunft Gottes widerzuspiegeln.

Das Heil liegt darin, dass *er* liebt, nicht darin, dass ich liebe. Mich an seine Barmherzigkeit erinnern …

Die „Religion des Magnifikats" ist eine Religion des Geschenks, die Religion derer, die glauben und entdecken, dass Gott weiterhin am Werk ist, er, der unermüdliche Schöpfer, der seine Hände mittendrin hat im „Dickicht des Lebens".

Der Lobgesang des Zacharias

„Zacharias [der Vater Johannes des Täufers] wurde vom Heiligen Geist erfüllt und begann prophetisch zu reden" (Lukas 1,67).

Mit diesen Worten wird das „Benedictus", der Lobgesang des Zacharias, eingeführt. Johannes war zur Welt gekommen, Zacharias hatte die Sprache wiedergefunden und begann Gott zu preisen:

> „Gepriesen sei der Herr, der Gott Israels!
> Denn er hat sein Volk besucht
> und ihm Erlösung geschaffen;
> er hat uns einen starken Retter erweckt
> im Hause seines Knechtes David."
>
> (Lukas 1,68f)

Wie eingemauert war das Wort im Innern,
bis die Frau zur Mutter wurde
und ihr Haus das Zuhause von Propheten.

„Gepriesen“ als erstes und „Frieden“ als letztes Wort sind die Klammer dieses Lobgesangs: Das erste Wort ist ein Wort des Dankes an Gott, das letzte ein Wunsch, ein Wort der Hoffnung, ein Programm für die Menschen. Es ist eine typisch jüdische Klammer.

Dazwischen stellt Zacharias, der alte Priester, der gegen alle Hoffnung doch noch Vater geworden ist, eine Verbindung her zwischen seiner Geschichte und der Geschichte Israels. Er spricht von JHWH, von Abraham, von David und den Verheißungen der Propheten, vom Bund und Gottes Treue, von Befreiung und Heil.

Und dann spricht er von der Zukunft, von Wegen, die zu gehen sind, von strahlendem Licht und der Fülle des Lebens: Schalom, Frieden.

Zwischen der Vergangenheit und der Zukunft steht dieser glückliche Vater, der Gott und ein Kind preist, die Menschen und das „Licht aus der Höhe“.

Gepriesen sei der Herr;
abermals ist er gekommen,
immer noch kommt er,
wiederherzustellen
den Traum von einer guten Zukunft.
Menschen und Wörter hat er aufgeweckt,
auf dass sie Leben hervorbringen
inmitten der Kleinen und Armen,
die Davids Lieder gesungen haben.

Zacharias steht an der Schwelle vom Alten zum Neuen Bund. Stumm war er geworden, es hatte ihm, der nicht geglaubt hatte, die Sprache verschlagen (vgl. Lukas 1,30). Als er sie wiederfand, konnte er nicht anders als singen.

Sein Verstummen hat symbolische Bedeutung: Es gab keine Propheten mehr. Die Worte der Priester waren sinnentleert, zu weit weg von Gott.

Das Wort wird dem Tempel genommen, im Schoß einer älteren Frau wird es neu gewoben: Als das Kind, Johannes, das Licht der Welt erblickt, wächst es heran und wird zur „Stimme eines Rufers in der Wüste“ (Johannes 1,23).

„So hat er verheißen von alters her
durch den Mund seiner heiligen Propheten.
Er hat uns errettet vor unseren Feinden
und aus der Hand aller, die uns hassen;
er hat das Erbarmen mit den Vätern an uns vollendet
und an seinen heiligen Bund gedacht,
an den Eid, den er unserm Vater Abraham
geschworen hat.“

(Lukas 1,70–73)

* * *

Erster Teil: Bund, Heil, furchtloses Dienen

Die drei zentralen Wörter *im ersten Teil des Lobgesangs* sind *Bund*, *Heil* und *furchtlos dienen*.

– *Bund* ist das erste Schlüsselwort.

Gott verzichtet auf seine Freiheit. Er hat sich an uns gebunden; der Bund soll nicht einmal durch die Untreue des Volkes aufgelöst werden können: Der Mensch ist Gott wichtiger als seine eigene Freiheit.
Im Bundesgedanken steckt auch, dass Gott nicht einfach *für* die Menschen agiert. Er agiert *mit* ihnen. Die Geschichte ist wie ein Klavierstück zu vier Händen. Gott und Mensch agieren zusammen.

Verheißen hast du, verheißen haben deine Propheten
– es war die Zeit der großen Versprechen –
Tage der Freiheit,
in denen du uns entreißen würdest
den Händen der Herzlosen,
einer Welt, die nicht zu lieben weiß.

Fortan würde Gott einen neuen Namen bekommen: *Emmanuel*, Gott-mit-uns. *Bund* beinhaltet *Gemeinschaft*. Gott ist kein einsames Wesen; er sucht den Pakt, er will Hände drücken, die Menschen umarmen.

Du, der du dich eifersüchtig
und leidenschaftlich und zärtlich

den Menschen damals zeigtest,
du, Verbündeter, treuer Gefährte,
bist ganz nahe den Menschen heute.

Die Tatsache, dass Gott einen Bund mit den Menschen schließen wollte, besagt: Der Zielpunkt ist nicht Gott allein; die Religion zielt nicht einfachhin auf ihn, sondern auf die Gemeinschaft von Gott und Mensch, auf ihre unverbrüchliche Einheit. Gott macht sich gewissermaßen so weit, dass er alles in allen wird (vgl. Kolosser 3,11).
Nicht von ungefähr ist das Gebot des Neuen Bundes ein Doppelgebot, eines und zwei zugleich: Gott lieben, den Nächsten lieben. Das zweite, sagt Jesus, ist dem ersten gleich, in anderen Übersetzungen heißt es: vergleichbar, genauso wichtig (vgl. Matthäus 22,39). Den Nächsten lieben ist wie Gott lieben. Der Nächste ist Gott ähnlich.

Der Bund ist das Zeichen, dass Gott nicht bei sich stehenbleibt, sondern sich öffnet, sich so „weit" macht, dass er die Menschen gewinnen kann, sie an die Hand nimmt und in sich hineinnimmt. Hand in Hand gehen Mensch und Gott der Zukunft entgegen: dahin, wo Gott alles in allen ist, dahin, wo wir in ihm wunderbar „aufgehoben" (nicht ausgelöscht) sein werden.

Gottes *Bund* mit den Menschen ist nicht Herablassung oder huldvoller Gunsterweis. Er ist Ausdruck seiner Liebe. Und die Liebe sieht den anderen nie „von oben herab".

Ein sprechendes Zeichen für den neuen Bund ist die Fußwaschung: Indem Jesus sich ein Leinentuch umbindet, niederkniet, zu den Jüngern aufschaut und ihnen die Füße wäscht (vgl. Johannes 13,5–15), zeigt er, wie Gott liebt.

Heil ist das zweite Schlüsselwort.

> Gedacht hat er „an den Eid,
> den er unserm Vater Abraham geschworen hat.
> er hat uns geschenkt,
> dass wir aus Feindeshand befreit [würden] ..."
> (Lukas 1,73)
>
> *Du versprachst dem Abraham*
> *Kinder und Kindeskinder,*
> *zahlreich wie die Sterne am Firmament.*
> *Dass sie frei seien, hast du ihnen geschworen,*
> *dass die Feinde ihnen zu Füßen lägen.*

Die Heilsverheißung ergeht oft in Situationen, in denen das Leben bedroht ist. Von „Feinden" ist die Rede oder von Gefahren aller Art, wie in folgender Jesaja-Stelle:

> „Jetzt aber – so spricht der HERR,
> der dich erschaffen hat, Jakob,
> und der dich geformt hat, Israel:
> Fürchte dich nicht, denn ich habe dich ausgelöst,
> ich habe dich beim Namen gerufen, du gehörst mir!
> Wenn du durchs Wasser schreitest, bin ich bei dir,
> wenn durch Ströme, dann reißen sie dich nicht fort.
> Wenn du durchs Feuer gehst, wirst du nicht versengt,
> keine Flamme wird dich verbrennen.

Denn ich, der Herr, bin dein Gott,
ich, der Heilige Israels, bin dein Retter."

(Jesaja 43,1–3)

Was sind die großen Gefahren in *unserem* Leben? Was bedroht *unsere* Existenz? Wir könnten Opfer eines Autounfalls werden oder schwer erkranken, doch es gibt noch ernstere Gefahren als beispielsweise plötzlich verrückt spielende, womöglich todbringende Körperzellen. Vergessen wir nicht, was Jesus sagt: „Fürchtet euch nicht vor denen, die den Leib töten, die Seele aber nicht töten können, sondern fürchtet euch eher vor dem, der Seele und Leib in der Hölle verderben kann!" (Matthäus 10,28). Die größte Gefahr liegt darin, dass wir nicht realisieren, wozu unser Leben bestimmt ist. Es ist die Gefahr, in jener Liebe zu scheitern, für die wir gemacht sind, falschen Zielen und Träumen hinterherzulaufen oder unser Leben an irgendwelche Götzen zu verlieren.

Heil bzw. das lateinische *salus* kommt vom griechischen *hólos*, das ein vollständiges Ganzes, Ganzheit, Totalität bezeichnet. Heil heißt: die vielen einzelnen Fragmente unseres Lebens zu einem Ganzen zusammenfügen, Heil steht für ein Leben aus einem Guss. Heil bin ich, wenn alles, was ich denke, sage und tue, eine Mitte und Sinn hat, wenn es eine Einheit bildet. Diese Mitte finden heißt alles finden, was ich verloren hatte. Doch nichts soll verloren bleiben: „Ich sage zum Norden: Gib her! und zum Süden: Halt nicht zurück! Führe meine Söhne heim aus der Ferne, meine Töchter vom Ende der Erde!", spricht der Herr (Jesaja

43,6). Und Jesus sagt, er sei gekommen, „zu suchen und zu retten, was verloren ist“ (vgl. Lukas 19,10).

Wenn der Herr die Mitte ist, findet unser zerstückeltes und bruchstückhaftes Leben seine Einheit und Ganzheit wieder. Wie oft haben wir, haben Menschen den Eindruck, sie seien um ihr Leben gebracht worden, ihr Leben habe eine verkehrte Richtung genommen, sei eintönig oder gar wie tot, jedenfalls nicht „ganz“, nicht heil. Besonders *ein* „Feind“ raubt uns scheibchenweise das Leben: die vergehende Zeit. Gott errettet uns auch daraus, er löst das von der Zeit geraubte Leben aus, bewahrt es und schenkt uns Leben in Ewigkeit. Retten heißt bewahren. Für immer.

Gott furchtlos dienen lautet das dritte Schlüsselwort.

> „Er hat uns geschenkt, dass wir, aus Feindeshand befreit,
> ihm furchtlos dienen
> in Heiligkeit und Gerechtigkeit vor seinem Angesicht
> all unsre Tage.“
>
> (Lukas 1,74f)

Endlich frei von jeder Angst
sollen wir, deine Kinder, mit dir leben!
Ja: Ich bin dein.
Du bist mein.
Für immer und ewig.

„Furcht gibt es in der Liebe nicht, sondern die vollkommene Liebe vertreibt die Furcht“ (1 Johannes 4,18).

Die Liebe bedeutet das Ende der Furcht, die Adam im

Garten Eden bewog, sich zwischen den Bäumen zu verstecken: „Ich habe deine Schritte gehört im Garten; da geriet ich in Furcht, weil ich nackt bin, und versteckte mich", antwortete er dem HERRN (Genesis 3,10). Er hat Angst, sich zu zeigen, wie er ist.

Gott aber ist Liebe. Gott ist gekommen, um sich in unseren Dienst zu stellen. Der Herr will unser Diener werden: „Er wird sich gürten", sagt Jesus in einem Bildwort, er wird die Knechte „am Tisch Platz nehmen lassen und sie der Reihe nach bedienen" (Lukas 12,37).
Gott als unser Diener! Ein Diener macht, anders als die Herren, keine Angst! Er hilft und kümmert sich ... Mit der Angst vor Gott ist es vorbei, sobald uns aufgegangen ist, dass er sich in unseren Dienst stellen will und für uns Sorge trägt: „Er nimmt sich keineswegs der Engel an, sondern der Nachkommen Abrahams nimmt er sich an" (Hebräer 2,16).

* * *

Die Antwort auf diese Liebe, unser wahrer „Gottesdienst", kann sich nicht in einigen gesprochenen Gebeten erschöpfen. Die Antwort kann nur ein existenzielles Gebet sein, gemäß der Einladung im Römerbrief, „kraft der Barmherzigkeit Gottes" unsere „Leiber als lebendiges, heiliges und Gott wohlgefälliges Opfer darzubringen – als ... geistigen Gottesdienst (Römer 12,1). Unser ganzes Leben soll zum Lobpreis Gottes werden.

Eine ebenso schlichte wie wunderbare Form dieses „Gottesdiensts" ist die tagtägliche dankbare Freude am

Leben: Wer das Leben und die Schöpfung wertschätzt, der preist damit auch den Schöpfer! Die Freude am Leben ist wie ein stilles Danklied an den Geber alles Guten.

Danke, Herr, für das Leben
Danke, dass wir mit dir durchs Leben gehen können,
frei von aller Angst,
wie Kinder, die sich geborgen wissen
und vor Freude tanzen.

Zweiter Teil: Prophet, Weg, Licht

Der *zweite Teil des Lobgesangs* betrifft das Kind: Johannes, den späteren „Täufer". Die Bewegung geht von Gott zum Menschen, von der Erinnerung an Gottes Wirken zum Blick in die Zukunft.

Das Benedictus steht zwischen Vergangenheit und Zukunft, wie auch unser Leben hier und heute an der Schnittstelle steht von dem, was wir gelebt haben, und dem, was wir tun möchten und planen. Erinnerungen wie auch Sehnsüchte und Hoffnungen sind der Rohstoff für ein persönliches Loblied.

Auch dieser zweite Teil enthält drei zentrale Wörter: *Prophet – Weg – Licht aus der Höhe.*

Prophet. – Jede Mutter und jeder Vater stellen sich beim Anblick ihres Kindes die leise Frage: Was wird wohl aus diesem Kind werden? Zacharias sagt über seinen Sohn:

„Und du, Kind, wirst Prophet des Höchsten heißen;
denn du wirst dem Herrn vorangehen
und ihm den Weg bereiten.“
(Lukas 1,76)

Du, mein Kind, mein Sohn, wie schön, dass du bist!
Noch kannst du nicht reden,
aber du wirst ein Sprachrohr Gottes sein, ein Prophet.
Du wirst deinen Weg gehen, neue Wege bahnen,
und Gott wird dir folgen.

Ein Prophet gibt Gott seine Stimme – und den Armen; er erinnert Gott an die Menschen und die Menschen an Gott. Er macht die zarte Stimme Gottes zu einem mächtigen Ruf, den der Wind überall hinträgt; die Not und das Weinen der Armen schreit er so laut zum Himmel, dass es für Gott unerträglich wird.

Weg. – Der Prophet spricht vom Kommen Gottes. Von jenem Gott, der sich an die Ränder dieser Welt begibt, der zu den „Letzten“ geht. Gottes Weg ist der Weg der Peripherien. Von dort will er aufbrechen, bis ins Zentrum, in die Mitte der Welt, mitten in unsere Dörfer und Städte, mitten hinein in unser Leben. Über alle Hindernisse hinweg, durch alle Wüsten hindurch.

„Stimme eines Rufers in der Wüste:
Bereitet den Weg des Herrn!
Macht gerade seine Straßen!“ (Lukas 3,4)

Jeder hat seine eigenen Wüsten. Jeder hat seine eigenen Peripherien. Seine dunklen Seiten. Seine verdrängten Dinge. Etwas, womit er nicht Frieden, geschweige denn Freundschaft geschlossen hat. Etwas, das ihm vielleicht Angst macht. *Gerade da*, auf diesen Wegen erwartet Gott mich. Das sind die „Straßen“, die gerade zu machen sind, die Wege, auf die wir uns hintrauen sollen ...

Die größte Aufgabe des Propheten ist es, die Ikone Gottes neu zu malen: das Bild eines Gottes, der den Weg der Peripherien gewählt hat.

„Du wirst sein Volk mit der Erfahrung des Heils
beschenken in der Vergebung seiner Sünden.
Durch die barmherzige Liebe unseres Gottes
wird uns besuchen das aufstrahlende Licht ...“

(Lukas 1,77–78a)

Eine Stimme wirst du sein!
Stimme zu sein, Ruf zu sein, das ist deine Berufung:
der laute Ruf, dass der Herr uns liebt,
dass der Herr vergibt,
dass unser Gott gut ist,
eifersüchtig und verliebt in die Seinen.

Gott ist da, wo ich niemals sein möchte. Er ist bei dem armen Lazarus, der von allen alleingelassen ist, allein mit seinen Wunden und Geschwüren und den Hunden, die daran lecken (vgl. Lukas 16,20f) ...

Man hatte gemeint, das Unheil sei eine verdiente Strafe Gottes. „Weil ihr ... gegen den HERRN gesündigt habt, weil ihr auf die Stimme des HERRN nicht gehört und nicht nach seiner Weisung, seinen Satzungen und Bundeszeugnissen gelebt habt, darum hat euch dieses Unheil getroffen, wie es heute ist", heißt es bei Jeremia (44,23).

In der Episode vom Blindgeborenen sagt Jesus dagegen in aller Deutlichkeit: „Weder er noch seine Eltern haben gesündigt" (Johannes 9,3). Mehr noch, Jesus identifiziert sich mit den Ärmsten, den Kleinsten, den Traurigen: „Was ihr für einen meiner geringsten Brüder getan habt, das habt ihr mir getan" (Matthäus 25,40).

Das Licht aus der Höhe. – Johannes ist gekommen „als Zeuge, um Zeugnis abzulegen für das Licht"; er kündet „das wahre Licht" an: Jesus (Johannes 1,6–9).

„Durch die barmherzige Liebe unseres Gottes
wird uns besuchen
das aufstrahlende Licht aus der Höhe,
um allen zu leuchten, die in Finsternis sitzen
und im Schatten des Todes ..."

(Lukas 1,78–79a)

Wie die Sonne im Morgengrauen eines neuen Tages
wird ein Licht im Leben der Menschen aufstrahlen
und all jene erhellen und zum Leuchten bringen,
die der Erde überlassen waren,
der Sinnlosigkeit, Perspektivlosigkeit und Herzlosigkeit.

Wie Johannes ist auch uns aufgetragen, *Zeugen des Lichtes* zu sein. Nicht der Finsternis. Nicht des Bösen. Gesucht sind Menschen, die bezeugen, dass die Sonne wieder aufgehen wird. Menschen, die etwas ausstrahlen, Zeugen des Positiven, des guten Weizens (vgl. Matthäus 13,24ff), Zeugen sich öffnender neuer Horizonte.

Hätten wir doch den Mut, von der Sonne zu sprechen! Viel zu oft kommen auch wir Christen nicht heraus aus dem Jammern über traurige Zustände und Entwicklungen oder aus dem Klagen über Fehler anderer. Wir ergötzen uns an dem, was andere falsch machen, und missgönnen ihnen ihre Freude. Wir sind wie Jona, der sich ärgerte und in Zorn geriet, als den Bewohnern Ninives die Strafe erspart blieb und sie sich wieder des Lebens freuen konnten (vgl. Jona 4,1).

Zeugen des Lichts sollen wir sein: welch große Aufgabe! Wir sind gerufen, uns aufzumachen und uns für die Welt zu engagieren – als Menschen, die in ihrem eigenen Herzen dem Licht eine Chance geben. Das Licht und Feuer neu aufflammen lassen, wenn es wie unter der Asche verborgen ist, das ist eine mühsame, aber wunderbare Aufgabe, mit der wir nie an ein Ende kommen. Stellen wir uns ihr, damit wir Zeugen des Lichts sind, Zeugen der Liebe Gottes und nicht eines strafenden Gottes; nicht Zeugen der Unterwelt, sondern Zeugen des Himmels. Entdecken und entfachen wir den Lichtfunken, der immer noch in allen Dingen glimmt!

„Durch die barmherzige Liebe unseres Gottes
wird uns besuchen
das aufstrahlende Licht aus der Höhe,
um allen zu leuchten, die in Finsternis sitzen
und im Schatten des Todes,
und unsre Schritte zu lenken
auf den Weg des Friedens."
(Lukas 1,78f)

Ein Funke deines Lichts
wird unsere und alle Schritte lenken,
auf dass sie tanzend den Weg zum Frieden gehen,
hin in deinen großen Schalom.

Den Lobgesang des Zacharias beten, das bedeutet, aus ganzem Herzen zu sagen:

„Für das Vergangene – Dank.
Für das Kommende – Ja!"
(Dag Hammarskjöld)

Weg des Betens – Weg der Liebe

Was das Credo übers Beten sagt

Ist eigentlich, so könnte man fragen, auch im Credo der Kirche vom Gebet die Rede? Schließlich ist das Glaubensbekennnis, lateinisch *symbolum fidei,* ein Erkennungszeichen, ein Zeichen der Zugehörigkeit zur kirchlichen Gemeinschaft – über die Zeiten hinweg. Gehört das Gebet zum Credo? Ja: Im sog. Großen Glaubensbekenntnis, das (bis auf eine Passage) alle christlichen Kirchen verbindet, heißt es im „dritten Artikel", der vom Heiligen Geist handelt:

„Wir glauben an den Heiligen Geist ...,
der mit dem Vater und dem Sohn
angebetet und verherrlicht wird ..."

Das Beten kommt im Credo in Form der „Anbetung und Verherrlichung" vor, als persönliches und vor allem als liturgisches Gebet, als „Doxologie", d. h. als feierliches Rühmen der Herrlichkeit Gottes. Und zwar im Zusammenhang mit dem Heiligen Geist: Es ist ja der Geist selbst, der in uns betet und spricht: „Abba, Vater!" (vgl. Galater 4,6).

Die *regula fidei*, die „Glaubensregel", die „Glaubensnorm", führt unmittelbar zum Beten und zur gemeinschaftlichen Feier im Gottesdienst: Die Kirche begegnet uns im Credo zuerst als betende Gemeinschaft, als Gemeinschaft derer, die an Christus, den Herrn, glauben und dies gemeinsam bekennen, die ihn mit dem Vater und dem Geist anbeten und verherrlichen. Glauben beinhaltet das Beten; nicht zu beten, wäre aus dieser Warte wie eine kleine Apostasie, eine Art Glaubensabfall im Kleinen, eine „Mini-Häresie" im Alltag. Zum „Ich glaube" gehört: „Ich bete an" und: „Wir als Kirche beten an … ".

Ein Weiteres sagt uns diese Stelle im Credo: dass Gott, ihm allein unsere Anbetung und Verherrlichung zukommt. Um seinetwillen. Nicht für das, was er uns gibt, sondern für das, was er ist. Abermals zeigt sich, dass das Gebet nicht primär etwas sucht, sondern „jemanden". Die Kirche spricht von „Anbetung", um zu verdeutlichen, dass es um Gott als Gott geht, unabhängig von allem und vor allem, was er geben mag und gibt.

Von der lateinischen Wortwurzel her bedeutet *adorare* (anbeten) so viel wie „die Hand zum Mund führen" – um zu schweigen! Anbeten heißt schweigend vor Gott stehen, sich in der Stille sammeln, vor dem Mysterium verstummen. Vor Gott hintreten ohne viele Worte, wie Jesus es uns nahegelegt hat.

„*Verherrlichen*“, der zweite Begriff, kommt in unserer Alltagssprache kaum vor. In der Bibel dagegen spielt er eine große Rolle, denken wir nur an den kosmischen Jubel in Psalm 8 oder an Psalm 150, der nichts erbittet, sondern ein einziger Lobpreis auf den HERRN ist, in den alle Kreaturen wie ein großes Orchester einstimmen.

„Anbeten und verherrlichen“ sind wie Eckpunkte, die das Ganze des Gebets umfassen, vom Schweigen bis zum Jubel. Denn alles hat Platz im Gebet, das staunende Verstummen wie die Sehnsucht des Herzens, das Beten ohne viele Worte in der Stille der eigenen Kammer im Warten auf *sein* Wort wie der laute Jubel, in den alle Instrumente einstimmen, oder jene Momente, in denen „sich unser Mund mit Lachen füllt und unsere Zunge mit Jubel“ (Psalm 126,2).

Charakteristisch für die „Anbetung“ wie für die „Verherrlichung“ Gottes ist, dass sie frei sind von Bitten. Wenn diese beiden Formen des Gebets im Credo genannt werden, so ist es wie eine Einladung: uns auf den Weg zu einem *selbstvergessenen* Beten zu begeben, in dem wir einfach da sind, schweigend ausgestreckt nach dem liebenden, nahekommenden Gott, um uns dann, davon geprägt, neu den anderen zuzuwenden.

Selbstvergessen beten, das gleicht einem Räumungsbefehl: Wir sollen den Platz freimachen und Gott Raum geben; denn nicht das Ich und seine Bedürfnisse sind die Mitte der Welt. *Selbstvergessen beten,* das ist eine Art „Enteignungsdekret": Wer so betet, gehört einem anderen. „Ich bin dein."

Es ist ähnlich wie im Vaterunser. Gewiss, das enthält bekanntlich auch Bitten, sogar sieben an der Zahl, aber in ihnen geht es um Gott und um „uns"; „ich" und „mir" kommen, wie ausgeführt, nicht vor. *Dein Name, dein Reich, dein Wille, unser tägliches Brot* ... Auch das Vaterunser lädt ein, uns selbst zu vergessen und uns mit unserer kleinen Geschichte hineinzustellen in die große Geschichte des Bundes Gottes mit uns Menschen. Unser himmlischer Vater weiß schließlich schon, was wir alles brauchen (vgl. Matthäus 6,32); da muss man nicht mehr viele Worte machen.

Und doch meldet sich ganz spontan Widerspruch: Mich vergessen!? Nein, das will ich nicht! Ich will mein Leben leben, ich will ... *Leben*! Und ich will auch die Menschen um mich haben, die mir etwas bedeuten, um die ich bange und für die ich hoffe. Ich will echtes, volles Leben!

Es bleibt durchaus richtig, was wir weiter oben mehrfach sagten: dass wir lebendig sein müssen, um gut beten zu können. Es geht um einen Weg: *Beten tut einen Weg auf.* Und dieser Weg beginnt immer wieder mit dem Schrei, mit der eindringlichen Bitte um Leben – und er mündet ein ins Schweigen.

Weg der Liebe

Das Blut Abels war bereits wie gesagt Gebet. Gott, der Herr, sprach zu Kain: „Das Blut deines Bruders erhebt seine Stimme und schreit zu mir vom Erdboden" (Genesis 4,10). Die Bibel ist voll von diesem „Schrei des Blutes", dem Schrei aus tiefster Not, dem Schrei nach Leben. Denken wir an das Rufen des versklavten Volkes in Ägypten, an den Schrei Hiobs, an den des Blinden von Jericho, an Jesu Schrei am Kreuz. Auch im letzten biblischen Buch ist von einem Schrei die Rede: von einer „Frau, mit der Sonne bekleidet; der Mond war unter ihren Füßen und ein Kranz von zwölf Sternen auf ihrem Haupt. Sie war schwanger und schrie vor Schmerz in ihren Geburtswehen" (Offenbarung 12,2). Die Bibel ist ein Buch voller Schreie.

Die Bibel ist aber auch das Buch des Schweigens, das Buch einer Liebe, in der die drängenden Bitten und alle Worte aufgehoben sind. Der Weg führt zur Anbetung und Verherrlichung.

Es ist der Weg der Geschichte von Gott und Mensch, das Herzstück der Frohen Botschaft wie des Lebens. Ein Weg von der Einsamkeit zur Gemeinschaft, aus der Sterilität zur Fruchtbarkeit, aus der Aggressivität zur Barmherzigkeit, kurz: der Weg der Liebe.

Wollten wir die Liebe definieren, würden wir merken, dass die Antworten so verschieden sind wie wir Menschen: Jede Antwort hat eigene Nuancen. Mir gefällt eine Definition, die sich bei Augustinus und Thomas von Aquin findet: *Liebe ist das brennende, leidenschaftliche Verlangen, sich mit dem geliebten Gegenüber zu vereinen.* Oder, mit der Weiheformel der armenischen Mönche gesagt: „Ich will eins sein mit dir." Liebe ist Sehnsucht nach Vereinigung, leidenschaftliches Verlangen, eins zu werden: ein Wunsch, der sich schon in Adams Bitte nach einem Gegenüber verbirgt, das „Bein von seinem Bein, Fleisch von seinem Fleisch" ist (vgl. Genesis 2,23).

Dieses Verlangen nach Gemeinschaft, nach Vereinigung, diese „Utopie", wie manche sagen, ist wie die Seele des Gebets. Wie Lieben ist Beten:

Lieben heißt sich „aufmachen": sich auf den Weg machen und sich öffnen für einen anderen, für andere. So ist Beten.

Lieben heißt, ganz auf das geliebte Gegenüber ausgestreckt sein, selbstvergessen bei ihm sein. So ist Beten: nicht etwas erlangen, sondern zu jemandem finden: zum geliebten Gott, mit ihm vereint werden, eingehen in dieses unendliche Meer.

Der Betende sagt zu seinem Gott: „Du bist mein Leben, das Leben meines Lebens, die Quelle, der alle meine Quellen entspringen." „Nach dir verlangt mich", wie Adam nach Eva; „wie der Hirsch lechzt nach frischem Wasser, so lechzt meine Seele nach dir, Gott" (Psalm 42,2).

Es ist dasselbe Verlangen, das Adam zu Eva hinzieht und die beiden hin zu Gott, dem Heiligen, hin zu JHWH, dem „Tetragramm aus Feuer", wie David Maria Turoldo es nannte. Das Gebet ist der von diesem Verlangen in Gang gesetzte Weg.

Der hebräische Bibeltext besteht ursprünglich nur aus Konsonanten; die Vokale werden nicht mitgeschrieben, sondern nur mitgedacht bzw. mitgesprochen. Das Wort für den heiligen Gott, JHWH, aber durfte nicht ausgesprochen werden, bis auf das eine Mal im Jahr, wenn der Hohepriester es am Versöhnungstag (*Jom Kippur*) im Allerheiligsten des Tempels aussprechen durfte. Doch nach der Zerstörung des Jerusalemer Tempels im Jahr 70 brach die Weitergabe des heiligen Namens ab. Die Vokale waren für immer verloren ...

Oder sind sie doch irgendwo zu finden? Mir gefällt es, mir vorzustellen, dass sie in den Namen Adam und Eva verborgen seien: A und E. Und dass sie sich auf dem „Weg der Liebe", auf dem „Weg des Gebets" mit den Konsonanten des Gottesnamens vereinen:

JHWH wird Jahweh.

Beten ist menschlich. Und weit mehr. Beten heißt den Gottesnamen wieder zusammensetzen.

Beten ist der leidenschaftliche Wunsch, die brennende Sehnsucht, mit dem geliebten Gegenüber eins zu werden, mit dem, den es seinerseits nach unserem Durst dürstet.

Im Beten verbindet der Mensch die Vokale der Erde mit den Konsonanten des Himmels, und der Name Gottes ist endlich komplett.

Ermes Ronchi im Verlag Neue Stadt

Ermes Ronchi
DIE NACKTEN FRAGEN
DES EVANGELIUMS

192 Seiten, gebunden,
ISBN 978-3-7346-1112-4
Bereits in der 6. Auflage!

Auf Einladung des Papstes hielt Pater Ronchi diese aufsehenerregenden Meditationen vor der Kurie in Rom.
Wichtige Themen kommen in den Blick:
Wofür brennen wir?
Warum und wovor haben wir Angst?
Welche Rolle spielen bei uns die Frauen?
Worauf richtet sich unser Augenmerk: auf Regeln, auf die Vergangenheit – oder auf den einzelnen Menschen und die Zukunft Gottes?
»Eine Hilfe, wieder uns selbst zu finden« (Papst Franziskus).

Ermes Ronchi
DIE WEIHNACHTSÜBERRASCHUNG
oder: Was da drinsteckt

136 Seiten, gebunden,
ISBN 978-3-7346-1166-7

Alle Jahre wieder ... – Weihnachten weckt ganz verschiedene Emotionen. Wenn Pater Ronchi die biblischen Erzählungen »auspackt«, kommt das Leben ins Spiel.

Mehr unter: www.neuestadt.com